# 아베는 미치지 않았다

아베는 미치지 않았다

# 아베는 미치지 않았다

**초판 1쇄 인쇄** 2016년 11월 16일
**초판 1쇄 발행** 2016년 11월 16일
**지은이** 조 성 학
**펴낸이** 손 형 국
**펴낸곳** 해피소드
**출판등록** 2013. 1. 16(제2013-000004호)
**주소** 153-786 서울시 금천구 가산디지털 1로 168,
우림라이온스밸리 B동 B113, 114호
**홈페이지** www.book.co.kr
**전화번호** (02)2026-5777
**팩스** (02)2026-5747

ISBN 978-89-98773-10-6 13300

# 아베는 미치지 않았다

조성학 **지음**

# 프롤로그

**"(위안부 할머니들께 사죄 편지를 보내는 것을) 우리는 털 끝만큼도 생각하지 않고 있다."**

현직 일본 총리대신이자 집권 여당 자민당 총재인 아베 신조가 한 말이다. 위와 같은 말을 들으면 과거 일본의 식민지 지배, 침략 전쟁에 대한 강제 동원, 위안부 강제 동원 등 아프고 억울한 역사적 기억이 있는 한국인으로서 매우 화가 난다. 아니, 역사적 기억 운운하기 전에 도덕적 본성을 가진 인간으로서 자연스럽게 화가 난다. 그 분노는 자연스럽게 아베 총리에 대한 이해 불가능으로 이어져 '어떻게 위안부 할머니들께 저다지도 상처가 되는 막말을 할 수 있단 말인가? 아베 총리는 미친 것이 아닐까?' 라는 의문을 갖게 될 수 있다.

대한민국 국민의 한 사람으로서 나 역시 그런 그의 발언에 매우 화가 난다. 과거 독일의 빌리 브란트 총리가 나치 독일의 잘못에 대해 무릎 꿇고 사과했듯이, 일본 정부의 최고 수반으로서 그는 당연히 일본이 저지른 과거 잘못에 대해 대한민국 정부와 국민에게 사과해야 한다. 그리고 그 과거 잘못 때문에 피해를 입은 분들에 대한 배상도 일본 정부가 책임지고 해야 한다. 그리고 더 이상 대한민국 국민을 분노하게 하고 과거 일본의 잘못으로 피해를 입은 분들에게 상처를 줄 수 있는 발언을 더 해서는 안 된다. 이것이 자연인으로서 내가 느끼는 그에 대해서 내린 이성적 판단이자 도덕적 감정이다.

하지만, 일본의 정치인으로서의 아베, 일본의 국제 정치를 지도하는 위치에 있는 인물로서의 아베를 제대로 이해하기 위해서는 자연인으로서 느끼는 도덕적 감정에 몰입되어서는 곤란하다. 막스 베버는 《직업으로서의 정치》에서 정치인의 자질을 이야기하기 위해서 "악마, 그는 노인이다", "그러니까 악마를 이해하려면 자네도 빨리 나이를 먹어야 하네."라는 《파우스트》의 유명한 구절을 인용했다. 국민들의 실제적 삶을 더 행복하게 만들기 위해서는 도덕적으로 비난을 받더라도 자기가 원했던 정치적 결과물을 얻을 수 있는 '노련미', '운영 능력'이 필요하다는 것이다. 이런 관점에서 볼 때, 아베 총리는 노련하다. 《파우스트》를 통해 막스 베버가 했던 표현을 빌리자면, 아베 총리는 '나이가 많'은 것이다.

악마를 도덕적으로 비난하는 것으로는 악마를 이길 수 없

　아베는 미치지 않았다

다. 마찬가지로 아베를 도덕적으로 비난하기만 한다면 우리는 결코 그의 의도를 파악하고 그를 이길 수 없다. 그를 이기고 싶다면 우리도 아베처럼 '나이'를 먹어야 한다. 이 책은 도무지 이해하기 힘들었던 아베의 발언과 행동들, 나아가서는 아베 정권이 했던 정책들을 정치학적, 국제정치학적 관점에서 적절하게 이해하려는 시도의 결과물이라고 할 수 있다. 우리가 도덕적 감정에 몰입해 그에 대해서 '미친 것 아닌가?'라고 생각하고 있는 그 순간 아베는 '나이 많은 악마'의 웃음을 짓고 있을 가능성이 매우 높음을 고려하며 이 책을 읽어주시기를 바란다.

# 차 례

# 제1장

아베가 절대로 위안부 할머니들에게
사과할 수 없는 이유

#  '털끝만큼도'라는 표현의 의미

아제 신조 총리는 최근 '위안부 할머니들에게 사죄 편지를 보낼 의향은 없느냐' 는 취지의 질문에 "(위안부 할머니들께 사죄 편지를 보내는 것을) 우리는 털끝만큼도 생각하지 않고 있다." 라고 답했다. 이것은 그의 진심이었을까?

내 개인적인 생각으로 그 말이 그의 진심을 반영하고 있을 확률은 80%라고 생각한다. 하지만 이 말을 뒤집어서 이야기 하면 그가 그렇게 생각하지 않을 확률, 즉 위안부 할머니들에게 사죄 편지를 쓰고 싶어 할 확률도 20% 정도 된다고 본다.

   아베는 미치지 않았다

사람은 다른 사람의 마음속을 들여다 볼 수가 없는 법이다.

어찌 알겠는가? 그가 실제로는 위안부 할머니들에게 사과하

고 싶은 마음이 있을지를 말이다.

위와 같은 ‘독심술’, 혹은 심리 테스트 비슷한 이야기는

아베를 이해하는 데 별 도움이 되지 않는다. 개인으로서 아베

의 진심이 무엇인지는 그리 중요한 것이 아니라는 이야기다.

그 보다 더 중요한 것은 ‘그가 왜 그렇게 이야기하게 됐을

까’ 이다. 아베 발언의 진심이 무엇인지에 대한 질문에는 확

답을 할 수 없지만, 아베 발언의 이유가 무엇인지에 대해서는

확답을 할 수 있을 것 같다(비록 여러 가지 확답 중 하나일

것이지만).

아베는 왜 “(위안부 할머니들께 사죄 편지를 보내는 것을)

우리는 털끝만큼도 생각하지 않고 있다.”라고 했을까? 여기

서 우리가 주목해야할 것은 '털끝만큼도' 라는 매우 디테일

하고도 과격한 표현이다. 그에게는 이런 표현을 꼭 써야할 이

유가 있었던 것이다. 그 이유를 모른다면 '굳이 저런 표현을

써 가며 이야기해야할까?' 라는 생각이 들겠지만, 그에게는

그럴 만한 이유가 있다. 그 이유는 간단하다. 그가 전쟁 패망

전부터 지금까지 이어져 오는 일본 기득권 세력을 대표하는

인물이기 때문이다.

#  현재 일본기득권 세력의 역사적 형성과정

일본의 지배층은 크게 보아 메이지 유신을 기점으로 완전히 교체된다. 일본 역사를 잘 모르는 분들이라고 하더라도 근대 이전 일본에서 국왕(國王)인 덴노(天皇, 보통 우리나라에서는 이 한자를 우리나라의 한자(漢字) 독음으로 읽어 '천황'이라고 읽는다.)는 허수아비 왕에 지나지 않았고, 실제 나라를 다스린 것은 쇼군(將軍)이라는 바쿠후(幕府, 보통 우리나라에서는 막부라고 부른다.)의 실력자였다는 것 정도는 알 것이다. 우리가 잘 아는 도요토미 히데요시, 도쿠가와 이에야스가

모두 쇼군이었다. 이런 시대가 19세기 중엽까지 계속되었고,

그 때까지 일본은 당연히 쇼군을 정점으로 한 바쿠후가 지배

하고 있었다.

그런 일본 사회에 거대한 변혁을 몰고 온 대사건이 1868년

에 일어나게 되는데, 이 사건이 바로 그 유명한 메이지유신

(明治維新)이다. 이 사건을 주도했던 세력들, 흔히 '유신지

사'로 불리는 이들이 일본의 근대화를 주도하게 되었다. 제

국주의 일본 역시 그들의 작품이었다. 안중근 의사에게 처단

당한 이토 히로부미가 대표적인 케이스다. 그 이후 제1차 세

계대전 당시의 일본의 비약적 발전을 이끈 것도, 만주사변,

중일 전쟁, 태평양 전쟁을 일으키며 군국주의 일본을 만든 것

도 모두 그들이었다.

따라서 일본이 원자 폭탄을 맞고 패망하게 된 것에 대한 일

차적 책임 역시 그들에게 있는 것이었다. 그런데 그런 그들이

일본 현대사의 전개 과정에서 청산되지 않고 아직도 일본 사

회의 정치계, 경제계의 기득권층으로 굳건하게 활동하고 있는

것이다.

그들이 전쟁 패망에 대한 책임을 면할 수 있었던 것은 그들

스스로의 노력의 결과물이라기보다는 '역사의 주사위'가 그

들에게 매우 유리하게 굴러 주었던 데 그 이유가 있다. 원래

그들은 제2차 세계 대전 이후 일본의 전후 처리를 위해 들어

온 연합군최고사령부(GHQ)의 정리 대상 1호였고, 또 실제로

정리된 적도 있다. 상당수 고위급 인사들이 도쿄 전쟁 범죄자

재판에서 사형 판결을 받거나 정치 활동 금지 처분을 당했다.

그렇게 그들은 역사 속으로 사라질 뻔 했다. 그런데 세계사의

흐름이 그들에게 유리하게 전개되기 시작했다. 제2차 세계 대

전 당시 함께 힘을 합쳐 독일과 일본에 대항해서 싸웠던 미국과 소련이 세계 최강대국 지위를 놓고 겨루기 시작했던 것이다. 이른 바 '냉전', 즉 실제 싸움은 없지만 실제 싸움보다도 더한 수준의 긴장 상태가 유지되는 공산주의와 자유주의 사이의 이념 전쟁이 시작된 것이다.

사태가 이렇게 흐르자, 원래 일본을 군사적으로 중무장시킬 의사가 전혀 없었던 미국의 대(對) 일본 정책은 180도 전환되었다. 일본은 재무장되었고, 일본의 공산화를 막기 위해서 극우 전체주의 세력으로 정치 활동 금지 처분을 받았던 사람들은 하나 둘 풀려나기 시작했다.

이 때 풀려난 정치인으로서 자유민주당(줄여서 자민당)을 창당하는 데 중심적 역할을 담당한 인물이 바로 기시 노부스케인데, 지금 일본의 총리이자 집권 자민당 총재를 겸하고 있는 아베 신조는 그의 사위이다.

　요약 정리해 보면, 근대 이후 일본의 메이지 유신부터 제국주의 일본-군국주의 일본-패망 이후 현대 일본에 이르기까지 일본의 기득권 세력은 큰 틀에서의 변화가 없었는데, 그 일본 기득권 세력을 실질적, 상징적으로 대표하는 인물이 바로 아베 총리인 것이다.

#  위안부에 대한 사과는 일본 기득권층이
# 자기 정체성을 부정하는 일

아베 총리가 정신적 스승으로 여기는 역사적 인물이 있다. 요시다 쇼인(吉田松陰)이라는 사람인데, 일본에서 메이지 유신이 일어나기 전인 바쿠후 말기에 야마구치에서 활동했던 학자였다. 일본 극우 세력들에게 있어 이 사람은 '큰 스승님' 정도 되는 인물이다. 그들은 요시다 쇼인을 메이지 유신 이후 일본이 걸었던 근대화의 방향을 최초로 가르쳐 준 사람으로 추앙한다. 요시다 쇼인이 길러 낸 제자 중 유명한 사람이 바

로 한국 침략의 원흉인 이토 히로부미이다. 우리에게는 원수

지만, 그들에게는 '영웅'인 셈이다.

이렇게 생각하면 아베가 가지고 있는 역사의식의 틀이 어떤

것인지를 미루어 짐작해 볼 수 있다. 아베 머릿속에서 지금의

'강한 일본'을 만든 것은 바쿠후 말기의 요시다 쇼인-메이

지 유신과 제국주의 일본의 이토 히로부미-군국주의 일본과

패망 후 일본의 기시 노부스케-지금의 자기 자신 아베 신조

로 이어지는 근대 이후 일본 기득권층이다. 이것이 그가 가지

고 있는 역사의식의 틀일 가능성이 매우 높다. 그리고 그런

그의 역사의식은 그가 스스로의 정체성을 어떻게 설정하고 있

는지에 지대한 영향을 미쳤을 것이다. 그는 자신을 19세기 중

엽 이래로 근대 일본부터 현대 일본을 책임지고 이끌어 온 기

득권층의 대표자로서 생각할 가능성이 매우 높다.

위와 같은 내용을 고려해서 생각해 본다면, 이제 더 이상 아베가 최근에 했던 그 발언, 즉 "(위안부 할머니들께 사죄 편지를 보내는 것을) 우리는 털끝만큼도 생각하지 않고 있다." 라는 그 발언은 전혀 이상하게 들릴 것이 없다. 한국을 침략했던 것은 자기의 정신적 스승 요시다 쇼인의 가장 대표적 제자 이토 히로부미였고, 태평양 전쟁을 일으키고 위안부를 강제 동원했던 것은 자기 '장인 어른' 인 기시 노부스케로 대표되는 군국주의 일본이었다. 그에게 있어 제국주의 일본이 한국을 침략했던 것은 '자랑스러운 진출의 역사' 이고, 태평양 전쟁을 일으켜서 동아시아 수억 명의 사람들을 불행으로 몰고 간 태평양 전쟁은 '서양 세력으로부터 동양 사람들을 지키기 위한 군국주의 일본의 피나는 노력' , 즉 '다이토 아고에이켄(大東亞共榮圈, 우리나라에서는 흔히 대동아공영권이라 부른다.)'을 만들려는 숭고한 시도였다. 그런 그에게 '위안부'란 자기 할아버지, 아버지가 했던 그 '숭고한' 노력을 폄훼하려는 불순한 세력의 '딴지'로 밖에 보이지 않을 가능성이 높다. 그가 '털끝만큼도' 사과할 의향이 없다고 했던 것은 그런 맥락에서 한 말일 가능성이 높다.

설령 '아무리 우리 할아버지, 아버지께서 하신 일이라지만 위안부 문제만큼은 정말 잘못한 것이다. 피해 할머니들께 정말 죄송하다.'라는 생각을 아베 총리가 갖고 있다고 해도 그는 절대로 사과할 수 없을 것이다. 자기 마음속으로 그렇게 생각하고 마음속으로 사죄할 수는 있을지언정, 절대로 그 말을 공식 석상에서 입 밖으로 꺼낼 수는 없을 것이다. 생각해 보라. 그의 '장인어른'인 기시 노부스케 자체가 군국주의 일본을 대표하는 사람이다(기시 노부스케는 군국주의 일본이

중국을 침략해 만든 괴뢰 국가 만주국의 고위 관료였다.). 그
런 이유로 제2차 세계 대전이 끝난 후 연합국최고사령부로부
터 정치 금지 처분을 받고 정계에서 퇴출까지 됐던 사람이다.
그런 그가 나중에 정치계에 복귀, 지금의 집권 여당 창당을
주도해서 다시 일본의 기득권층이 되었다. 그런 장인어른의
뒤를 이어서 아베도 일본의 기득권층이 되었다. 그런 그라면
다음과 같이 생각하게 될 가능성이 매우 높다.

지금까지 장인어른, 나(아베)는 일본의 기득권층으로 누릴 것은 다
누리고 살았다. 그 명분은 지난 약 150년 동안 장인어른과 나 같은
사람들이 나라를 잘 이끌었던 덕분에 일본이 이 만큼 발전했다는 것
이었다. 그런데 이제 와서 지금까지 일본이 이 만큼 발전한 이유가
이웃 나라에 대한 '강도질' 덕분이었고, 위안부가 바로 그 '강도질'의

대표적인 사례라는 것을 인정하고 사과하게 되면 그것은 우리 기득권층이 지금까지 누린 지위가 부당한 것이었음을 스스로 인정하는 꼴이 된다. 그렇게 되면 집권의 명분 뿐 아니라 기득권 유지의 명분까지 모두 사라지게 되고 집권 자민당을 중심으로 한 우리 기득권층은 국민적 반발에 직면, 기득권을 잃게 될 수도 있다. 국민들은 '뭐야? 지금까지 '강도질'했던 사람들이 고상한 척을 다 떨면서 우리 사회의 지도자인양 했단 말이야? 당장 그 자리에서 내려오지 못할까?' 라고 우리를 몰아내려고 할 수도 있는 것이다. 따라서 나는 절대로 위안부 할머니들에게 사죄할 수 없다. 내 개인적으로, 마음속으로라면 몰라도 공식적으로는 절대로 그렇게 이야기할 수 없다.

위와 같은 사정 때문에 아베는 '털끝만큼도' 위안부 할머니들에게 사죄할 수 없을 것이다.

#  절박한 일본 기득권층이 내린 결론

어떤 사람들은 아베가 부질없는 과거 군국주의 제국 부활 야욕이 있어서 위안부 사과도 안 하고, 일본을 전쟁 가능한 국가로 만들고 싶어 한다고 말한다. 내 생각에 그것은 조금 단순한 생각 같다. 최근 일본에서 일어나고 있는 다음과 같은 사실들을 생각해 보라.

· 평화 헌법에 대한 해석을 수정하여 집단적 자위권을 주장

· 완전히 전쟁 가능한 국가가 되기 위해서 개헌 주장

 아베는 미치지 않았다

· 집권 자민당이 당의 내부 규약을 바꿔서 아베의 당총재직

  을 연장하는 것을 추진

· 아베의 총리 임기 연장 추진

· 독도를 영토 분쟁 지역화시키려는 주장

· 여당 정치인들의 야스쿠니 신사 참배


아베는 단순히 일본을 큰 나라로 만들고 싶다거나, 자기 장

인어른 시대로 되돌아가고 싶다는 감상에 빠져서 저런 행동을

하는 것이 아닐 것이다. 그것은 지금 일본에서 일어나고 있는

다음과 같은 현상들과 깊은 연관이 있을 것이다.


· 아베노믹스 추진(마이너스 금리, 양적 완화, 적극적 환율 관리)

· 인구 1억명 유지 위한 저출산 대책 전담 장관직 신설

· 인구 감소, 유령 도시 증가, 인구 고령화

· 빈집, 노인 절도, 노인 빈곤률 증가

· 유토리(=사토리) 세대의 발생

· 혐한 시위의 발생


위와 같은 현상들은 기존의 질서로는 지금의 일본을 적절히 운영할 수 없음을, 따라서 지금 무언가 국가 전체 시스템상의 대변혁이 없이는 기존의 질서가 붕괴할 것이라는 조짐이다. 따라서 아베로 대표되는 일본의 기득권층은 지금 절박하다. 까닥 잘못하면 아베의 장인인 기시 노부스케가 자민당을 창당해서 집권하면서 만들어진 '55년 체제'로부터 지금의 아베 정권에 이르는 시기 동안 굳건하게 유지된 일본의 질서와 그 질서 속에서 최상위층을 형성하고 있는 일본 기득권층

 아베는 미치지 않았다

전체가 붕괴하고 몰락할지 모른다는 두려움을 느끼고 있는 것이다.

평화 헌법에 대한 해석을 수정하여 집단적 자위권을 주장하고, 완전히 전쟁 가능한 국가가 되기 위해서 개헌을 주장하며, 집권 자민당이 당의 내부 규약까지 바꿔가며 아베의 당 총재직을 연장하는 것을 추진하고, 아베의 총리 임기 연장 추진하는 것, 그리고 금리를 마이너스로 낮추고 인구 1억 명 유지 위한 저출산 대책 전담 장관직 신설하는 것과 같은 매우 보기 드문 조치를 취하는 것 등은 그런 두려움 속에서 지금의 일본 기득권층이 내린 결론일 것이다. 우리는 이와 같은 사정을 조금 더 자세하게 들여다볼 필요가 있다.

# 제2장

아베 정권의
정치적 · 군사적 행보에 대한
합리적 설명

# ⅋ '전쟁할 수 있는 국가'가 되는 일본

평화 헌법의 전수방위 조항, 즉 일본은 군대를 보유할 수 없고, 자위대는 오로지 외국이 일본을 침략했을 때 그것을 물리칠 수 있을 뿐 일본의 영역 밖으로 출동하여 적을 타격할 수 없다는 조항을 없애는 것은 일본 우익들에게 있어 오랜 숙원사업이었다. 아베가 총리가 되기 전까지 전수방위 조항을 없애려고 일본 우익들은 많은 노력을 했으나 번번이 실패했다. 하지만 아베가 총리가 되고 나서부터 이야기가 달라졌다. 몇 년 전 아베 정권은 평화 헌법에 대한 해석을 수정하여 집단적 자위권을 주장하기 시작했다. 일본이 직접 적국으로부터 타격을 받지 않더라도 일본의 동맹국이 다른 나라의 타격을 받으면 타격을 받은 동맹국을 지키기 위해서 일본 자위대를 일본 영역 밖으로 출동시킬 수 있다는 취지로 평화헌법에 대한 해석을 바꿔버린 것이다. 과거 1894년에 한국에서 동학농민운동이 터졌을 때 '동아시아 평화 유지'를 운운하며 한반도에 군대를 파견했을 때와 똑같은 논리로 다른 나라에 군대를 파병할 수 있는 길을 열어 버린 것이라고 볼 수 있다. 이로써 전수방위 조항은 실질적 의미를 상실하고 껍데기만 남게 되었다.

그 껍데기마저도 거추장스럽게 느껴진 것이었던지 최근에는 한 술 더 뜨기 시작했다. 아예 평화 헌법 자체를 새로운 헌법으로 바꿔버리겠다는 의도를 공공연히 드러내고 있다. '평화

헌법은 외부로부터 강요된 헌법이므로 새로운 헌법을 제정해

일본은 정상국가로 다시 태어나야 한다’는 것이 아베 정권의

개헌 주장의 주된 논리다. 여기서 ‘정상국가’란 자기 의지

에 의해서 완전히 전쟁이 가능한 국가를 의미한다.

아베가 그렇게 나오자 덴노(천황)가 아베에게 브레이크를

걸었다. ‘생전 양위(살아서 왕의 자리를 자식에게 물려주는

것)’를 선언하겠다는 의사를 내비친 것이다. 보통의 경우 한

번 덴노가 되면 특별한 사유가 없는 한 죽을 때까지 덴노의

자리를 유지한다. 살아 있는 덴노가 덴노의 자리를 물려준다

는 것은 매우 보기 드문 케이스다. 몸이 안 좋아서 양위하고

싶다는 이유를 대기는 했지만, 그것은 어디까지나 공식적인

명분일 뿐 실질적인 이유는 따로 있다. 덴노가 생전 양위 의

사를 밝힌 것은 평화 헌법을 함부로 개정하지 말라는 의사를

표시한 것으로 봐야한다. 과거 1930년대에도 일본의 군부 중심 우익들이 덴노를 앞세워서 전쟁을 일으켰던 적이 있다. 아베를 중심으로 한 일본 우익들이 헌법을 바꿔 다시 전쟁할 수 있는 국가가 되겠다고 했을 때 아마도 덴노는 1945년 전쟁 패망의 악몽이 떠올랐을 것이다. 지금 덴노인 아키히토의 아버지이자 1945년 전쟁 패망 당시의 덴노였던 히로히토는 연합국으로부터 전쟁 범죄자로 기소될 뻔 했다. 죽을 뻔 했던 것이다. 그런 아버지의 전철을 밟지 않기 위해서 현직 덴노 아키히토는 '생전 양위' 카드를 꺼냄으로써 '나는 개헌에 반대' 라는 의사 표현을 꺼내 들었을 것이다. '아베 총리, 당신 하는 행동이 꼴 보기 싫어서 나는 덴노 그만 두겠소' 라는 뜻으로 봐야하는 것이다.

덴노가 '생전 양위' 카드를 꺼내 들자 개헌에 속도를 내던 아베는 '속도조절' 카드와 '장기집권' 카드를 동시에 꺼내 들었다. '지금 당장은 개헌을 밀어붙이지 않겠다' 라고 한 발 물러선 것이다. 만약 '덴노가 양위한다고 해도 개헌을 밀어 붙이겠다' 라고 한다면 '개인의 정치적 야욕을 위해서라면 임금 따위는 안중에도 없는 천하의 나쁜 놈' 이 되어 국민들의 비난을 한 몸에 받게 될 것이 두려운 것이다.

그렇게 아베가 한 발 물러서는 듯한 제스처를 취하자, 집권 자민당은 당의 내부 규약을 바꿔 가면서까지 아베의 당 총재직을 연장하는 것을 추진하기 시작했다. 그렇게 되면 자연스럽게 아베의 총리 임기도 연장되게 된다. 만약 이 작업이 성공적으로 마무리되면 아베는 역대 최장 기간 재임하는 일본 총리가 된다고 한다. 앞으로 한 동안은 계속 아베가 총리직을 수행할 수 있게 되는 것이다. 그렇게 시간을 번 다음 덴노의

생전 양위 문제가 수면 아래로 가라앉기를 기다린 후에 개헌

작업을 끝내 마무리 짓겠다는 의도로 풀이된다. 요는 어떻게

해서든 일본을 전쟁 가능한 '정상국가'로 만들겠다는 것이

다.

#  왜 '전쟁할 수 있는 국가'에 집착하나

아베 정권은 왜 그렇게도 일본을 전쟁할 수 있는 국가로 만들려고 하는가? 어떤 사람은 보수 우익의 전 세계적 보편적 성향 중 하나인 '당당함과 자존심을 추구하는 경향'을 그 이유로 든다. 실제 전쟁을 하겠다는 의도가 없다고 할지라도 '나는 언제든 내가 마음먹으면 싸울 수 있어'라고 이야기할 수 있어야 당당함과 자존심이라는 '보수 우익의 품격'을 지킬 수 있다는 생각 때문이라는 것이다. 내 스스로 전쟁할 의도가 없다고 써 붙이고 다니는 것은 스스로 약한 존재, 당당하지 못한 비굴한 존재, 남에게 의존하는 존재임을 광고하고 다니는 것이나 마찬가지라고 생각하기 때문이라는 것이다.

그런 데서 이유를 찾는 것도 일견 타당해 보이기는 한다. 그러나 그런 특정 이념 집단의 성향에 대한 일반론적 접근보다는 역사적, 국제정치학적, 국내 정치적 상황을 종합적으로 고려해 보는 것이 이 문제에 대한 더 타당한 이유를 찾는 데 도움이 될 것이다.

'아베 정권은 왜 그렇게 전쟁할 수 있는 국가에 집착하는가?' 이 질문에 대한 해답을 찾는 데 가장 먼저 고려해야할 사항은 바로 최근 10년 동안에 동아시아 지역에서 벌어진 국제정치학적 상황 변화이다. 그 상황 변화라 함은 바로 '중국의 급성장' 이다.

지구상의 거의 모든 사람들이 아는 바, 지난 수십 년간 중

   아베는 미치지 않았다

국은 '폭풍 성장'을 했다. 그 결과 중국은 미국에 뒤이은 세계 2번째 강대국 'G2'의 반열에 올라 과거 일본이 가지고 있던 타이틀을 하나 둘 빼앗아 가기 시작했다. 1895년 청·일 전쟁 승리로 일본이 차지한 '동아시아 중심국가' 타이틀, 1960년대 후반에 일본이 차지한 '세계 2위 경제대국' 타이틀 모두 2000년대 들어와서 중국이 접수했다. 아시안 게임 개최, 올림픽 개최, 아시아 지역 인프라 개발을 위한 투자 은행 설립 등 과거 일본이 잘 나갈 때 하던 행동을 이제는 중국이 하고 있다. 한 마디로 이야기해서 과거에는 일본을 중심으로 움직이던 동아시아가 이제는 중국을 중심으로 돌기 시작한 것이다. 바로 이 지점이 집권 자민당, 아베 정권으로 중심으로 뭉친 일본 기득권 세력들의 현재 상황에서의 최대 고민이 발생하는 지점이다.

일본의 기득권 세력은 과거 약 100년 정도의 경험을 통해서 동아시아 국제 질서의 중심 국가가 되는 것으로부터 얼마나 많은 프리미엄을 얻을 수 있는지를 알고 있다. 또한 그들은 국제 질서의 변방으로 밀렸을 때 얼마나 힘든 길을 걷게 되는가도 알고 있다. 생각해 보라. 청·일 전쟁 전에 일본이 국제 사회에서 받았던 차별 대우(미국과의 불평등 조약과 같은)와 청·일 전쟁과 러·일 전쟁을 연거푸 승리하고 제1차 세계대전의 승전국이 된 이후의 일본이 국제 사회에서 누렸던 프리미엄(워싱턴 회의 등 강대국 사이의 국제 질서 조정을 위한 테이블에 참여하는 것과 같은)을 한 번 비교해 보라는 이야기다. 지난 100년 동안 일본은 동아시아의 중심 국가였고, 그로 인해서 엄청 이득을 본 나라다. 사실 '잃어버린 20년'으로 불리는 장기 침체를 겪으면서도 지금까지 버티고 있는 것은 그 때 벌어놓은 것 덕분이라고 봐야 한다.

그런데 약 10년 전부터 지난 100년과는 상황이 달라졌다. 이제 중국 중심으로 동아시아가 돌아가기 시작한 것이다. 과거에 동아시아 지역에서 뭔가 일을 처리하려고 할 때 일본으로 맨 처음 달려왔던 영국, 프랑스, 독일 등 강대국들이 이제는 뭘 하려고 해도 일본보다는 중국 눈치를 먼저 살핀다. 거의 모든 나라들이 일본 중심의 아시아 개발 은행(ADB)보다 중국이 최근 만든 아시아 인프라 투자은행(AIIB)을 더 중요하게 여긴다. 점차 일본이 아시아의 변방 국가로 밀려나고 있다는 느낌을 지울 수가 없는 것이다. 그렇다면 이제 일본을 기다리고 있는 것은? 동아시아의 변방 국가가 되어 걸어가게 될 가시밭길이 그들을 기다리고 있는 것이다. 이런 상황을 돌파하기 위해서 일본 기득권층이 뽑아 든 여러 가지 카드 중

가장 '끗발이 높은 카드'가 바로 '전쟁할 수 있는 국가, 일본' 카드인 것이다.

이렇게 이야기하면 어떤 분들은 다음과 같이 물어 보실 지도 모르겠다. '아니, 세계 2위 경제 대국 타이틀 되찾는 것이 문제라면 경제력을 늘려서 다시 타이틀 뺏어 오면 되지 왜 쓸데없이 전쟁이 가능한 국가를 만들려 하나?' 만약 그렇게 물어보신다면 그것은 국제정치학적 관점에서 봤을 때 '뭘 모르고' 하시는 말씀이다. E. H. Carr가 쓴 국제정치학 교과서라고 할 수 있는 책 《20년의 위기》에도 나오듯이, 그 놈의 강대국들 사이에서의 돈 문제, 경제적 발전이라고 하는 것이 전쟁 문제, 즉 실제적인 군사력 행사 가능성을 빼 놓고는 해결될 문제가 아닌 것이다. '버터'를 많이 갖기 위해서는 '총'이 많아야 하고, '총'을 많이 갖기 위해서는 '버터'가 많이 필요한 법이다. '총'의 수는 늘리지 않으면서 '버터'를 지금보다 더 많이 갖기를 원한다는 것은 강대국들 사이에서는 별로 가망이 없는 이야기다. 이것은 국제정치학의 기본적인 명제다.[1]

---

1) 이 표현, 즉 군사력을 '총'에, 경제력을 '버터'에 비유한 표현, 그리고 그 두 가지 힘의 관계에 대한 설명은 E. H. Carr 저, 김태현 역,《20년의 위기》, 녹문당, 2014.에 나오는 일부 내용을 요약한 것임을 밝혀 둔다.

#  '버터'를 얻기 위한 '총기사용면허증'

강대국들 사이의 파워 게임에서 그 놈의 '총'을 쏠 수 있

게 되면 정말로 '버터'를 더 많이 얻을 수 있을까? 정답은

'그럴 가능성이 매우 높다.'이다. 왜 그럴까? 그 이유를 설

명하기 위해서 과거에 있었던 두 가지 사례를 비교해 보겠다.

1980년대 전반에 미국 달러의 가치가 매우 높았다. 달러 가

치가 높으니 미국 물건이 비싸서 해외에서 잘 안 팔렸다. 미

국의 무역 적자가 계속 늘어났다. 그에 반해서 상대적으로 일

본 엔화의 가치는 낮았다. 그러니 일본 물건은 싼 가격 덕분

에 해외에서 많이 팔렸다. 무역 적자를 견딜 수 없게 된 미국은 1985년에 프랑스, 독일, 영국, 일본의 재무장관을 뉴욕으로 불러서 플라자 호텔 협상 테이블에 앉혔다. 그리고는 일본의 엔화 가치를 상승시키는 '합의'를 이끌어냈다. 이것이 그 유명한 플라자 합의이다.

그 이후의 스토리는 어떻게 전개되었을까? 미국 물건은 낮아진 가격으로 해외에서 잘 팔리게 되었다. 이에 따라 미국 경제는 점차 회복되었다. 그럼 일본은? 그 때부터 경제적 타격을 입고 '잃어버린 20년'이라는 장기 경기 침체를 겪었으며, 그 충격이 아직까지도 완전히 회복되지 않고 있다.

2010년 들어와서 비슷한 일이 있었다. 2008년 금융위기의 충격으로 경제적 위기에 빠진 미국은 인위적으로 시장에 돈을 풀어서 경기를 살리고 달러화 가치 하락을 유도했다. 그렇게 근근히 버텼다. 그러면서 이번에는 화살을 일본이 아니라 중국에 겨눴다. 중국 위안화 가치를 올려야 한다는 이야기를 미국이 하기 시작했다. 그러자 중국은 그럴 수 없다며 버텼다. 결국 1985년의 플라자 합의와 같은 일은 일어나지 않았고, 중국은 일본처럼 인위적인 자국 화폐 가치 상승으로 인한 경기 침체는 겪지 않아도 되었다.

위의 이야기를 정리해 보자. 1985년 플라자 합의 당시에 미국이 일본을 대하던 방식은 '조용히 호텔로 데리고 가서 불리한 조건에 대한 합의를 이끌어내는' 것이었다. 그 이후 일본은 장기 불황을 겪어야 했다. 반면 2010년대 초 미국의 경제 위기 당시 미국이 중국을 대하던 방식은 '실제로 어떻게 하지는 못하고 비난하거나 요청하는' 것이었다. 중국은 그 요청에 응하지 않았고, 일본과 같은 장기 불황은 겪지 않고 있다.

위의 두 가지 사례는 우리에게 무엇을 이야기해 주는가? 왜 비슷한 상황에서 똑같은 나라 미국이 일본과 중국을 대하는 태도와 방식이 그토록 다른가? 여러 가지 이유가 있겠지만, 그것은 결국 중국 혹은 일본이 갖고 있는 '총의 성능' 문제가 아닐까? '버터'는 지금의 중국이나 그 때의 일본이나 그리 큰 차이가 난다고 보기 어렵다. 일본이 세계 2위 경제 대국이 된 것은 1960년대 후반으로 알려져 있다. 그 지위를 중국에 내어 준 것은 2000년대 후반이다. 1985년의 일본의 '버터', 즉 경제력이 2000년대 중국의 그것보다 크게 뒤진다고 보기 어렵다는 이야기다. 왜 미국은 똑같은 '세계 2위 경제 대국'을 전혀 다른 방식으로 대했나? 여러 가지 이유가 있겠지만, '총'의 문제를 빼놓고는 이 차이를 설명하기 어려울 것이다.

'버터'를 많이 얻기 위해서는 '총'이 필요하다는 것은 굳이 1985년의 일본과 2010년의 중국을 비교하지 않아도 알 수 있다. 미국을 보라. 누가 뭐라 해도 미국은 전 세계 단 하나의 최강대국이다. 군사력으로 맞붙어서 미국을 능가할 국가는 어디에도 없다. 1985년에 일본 재무장관을 플라자 회의에 불러냈던 것, 돈을 찍어내서 시장에 풀어서 달러 가치를 낮추는 방식으로 경제 위기를 돌파하는 것, 이런 조치들이 가능한 것과 미국의 '총'이 과연 아무런 연관이 없겠는가? 다른 나라에는 '당신네 나라 화폐 가치를 올리시오'라고 하면서 아무렇지도 않게 자기 나라 화폐 가치는 의도적으로 낮출 수 있는 나라 미국을 설명할 때 미국이 갖고 있는 '총의 성능'을 이야기하지 않을 수 있겠느냐는 말이다.

 아베는 미치지 않았다

이와 같은 맥락, 즉 국제정치학적 관점에서 생각해 볼 때, 아베로 대표되고 자민당을 중심으로 결집한 일본 기득권층의 입장에서 평화헌법 개정은 '버터를 얻기 위한 총기사용면허증'을 발급받는 일이라고 볼 수 있다. 지난 수십 년간 죽을 똥 살 똥 노력해서 먹고 사는 문제는 일단 해결했고 선진국 반열에 오르기도 했는데, 그 놈의 '총기사용면허증'이 없으니까 '큰 형님'이 하자는 대로 하지 않을 수가 없고, 그러다 보니 벌어 놨던 것 다 까먹게 생겼더라는 것이다. 지난 약 100년간 벌어놓은 것이 있어서 지금까지는 그럭저럭 버텼는데, 이대로 수십 년 더 가면 정말로 세계 2위 경제 대국에서 '2류 국가'로 떨어질 것 같고, 또 그렇게 되면 자존심에 '스크라치' 나고 떨어지는 생활수준에 성난 국민들이 선거에서 표로 심판할 것 같다는 생각이 일본 기득권층의 머릿속에

들어 있지 않은가 한다. 아마도 이런 이유로 아베 정권이 끝

끝내 '총기사용면허증'을 발급받으려는 이유가 아닌가 생각

된다.

#  '총구'의 방향은 '이웃집'[2]

여기까지 읽으신 분들은 다음과 같은 의문을 가지실 수도

있으리라 생각한다.

'아니, 그럼 스즈키 상이 지금까지 잘 지내던 미스터 존슨

큰 형님에게 대들거나 개기려고 총기사용 면허신청을 냈단 말

인가?'

---

2) 이 꼭지의 집필을 위해서 다음 두 가지 논문의 내용을 참고, 활용하
였음을 밝혀 둔다.
박병철, 주인석 (2016). 제3장 아베 정권의 아시아 안보전략과 한미일 동
맹구도의 변화 전망. 통일전략, 16(1), 75-121.
김준형 (2015). 아베 정부의 안보정책 전환과 미국의 재균형전략. 아세아
연구, 58(4), 42-71.

결론부터 이야기하면 그건 아니다. 일본이 주장하는 것은 '강대국 사이의 협상 테이블에서의 협상 능력을 높이고 싶다' 는 것이다. 누구랑 협상할 때? '미스터 존슨 큰 형님' 이랑? 물론 그런 면도 있겠지만, 주된 타겟은 '미스터 존슨 큰 형님' 이라기보다는 '이웃집 왕서방' 이다. 앞으로 '이웃집 왕서방' 이랑 내가 살고 있는 동아시아 지역에서 어디까지가 니 구역이고 어디까지가 내 구역인지 언성 높여가며 협상할 일이 많을 것 같은데, 협상할 때 그 놈의 '총' 이 없이는 도저히 안 되겠더라는 것이다. '이웃집 왕서방' 은 요즘 들어 하는 사업이 잘 되어서 돈도 엄청 많이 벌었고, 그 돈을 가지고 최신식 총을 엄청 사 재낀다는데, '총기사용 면허증' 도 없는 상태에서는 최신식 총으로 중무장한 '이웃집 왕서방' 이랑 도저히 협상다운 협상이 되지를 않을 것 같다는 것이다.

일본이 전쟁할 수 있는 국가가 되려고 하는 또 하나의 이유
는 바로 '미국과 중국 사이의 동아시아 세력 조정 합의 가능
성' 이다. 지금은 미국이 중국을 견제하기 위해서 동아시아에
많이 신경 쓰고 있는 것 같아서 일본 입장에서는 다행이다.
하지만 만약 미국이 이리 재어 보고 저리 재어 본 결과 동아
시아 지역에서 중국과 끝도 없이 대치하는 것 보다는 적당한
선에서 중국이랑 타협해서 뭔가 받을 것을 받는 대가로 중국
을 (예전에 일본 대하듯이) 동아시아 중심 국가로 인정하는
쪽이 낫다고 판단할 경우 일본의 입장이 어떻게 되겠는가?
그렇게 미스터 존슨 큰 형님이 '나는 이제 왕서방이랑 합의
했으니까 그 쪽 일은 잘 모르겠다. 스즈키 상 당신이 알아서
잘 해 보시오' 라는 태도로 나오면 일본이 어떤 입장이 되겠

느냐는 말이다. 큰 형님이 손을 뗐으니 이제 '총'으로 위협

을 해가면서 신식 총으로 중무장한 '왕서방' 이랑 협상을 해

야 하는데, 나는 아직까지 총기사용면허증도 없고, 신식 총도

없는 상태에서 무슨 놈의 협상다운 협상을 한단 말인가?

이렇게 이야기하면 어떤 사람들은 '말이 되는 이야기를 해

야지. 지금 저렇게 심하게 대립하고 있는 미국이랑 중국이 서

로 적당히 합의한다는 것이 말이나 되는가?' 라고 반문하신

다. 그런데 그 이야기는 정말로 국제정치의 본질을 모르고 하

시는 말씀이다. 제2차 세계 대전 당시 히틀러의 나치 독일에

맞서 싸울 때 서로 협력했던 미국과 소련이 전쟁 끝나고 얼마

지나지 않아서 냉전을 벌이고, 이란을 '악의 축' 이라고 비

난하면서 사우디를 지원하던 미국이 요즘 이란과 핵협상 타결

하더니 사우디보다 이란에 더 가깝게 지내려고 하는 움직임이

보인다는 소문이 파다한, 이런 판이 국제 정치라는 '판'이다. 어제의 적이 오늘의 친구가 되고, 오늘의 친구가 내일의 적이 될 수 있는 세계라는 말이다. 정말 미국과 중국 사이의 합의에 의한 '세력권 조정' 시나리오가 전혀 터무니없는 일로 보이는가?

이런 국제정치학적 관점에서 생길 수 있는 지금 아베 정권의 생각은 크게 보아 두 가지이다. 첫 째, 미국이 동아시아 지역에서 발을 못 빼게 만들어야 한다. 둘째, 미국이 동아시아 지역에서 중국을 견제하고 있는 지금 이 시기에 일본을 전쟁 가능한 국가로 바꿔 놓고 '총'과 '버터'를 최대한 모아 놓아야한다.

첫 번째 생각, 즉 미국이 동아시아 지역에서 발을 못 빼게 만들어야 한다는 생각은 아베 정권으로서는 지극히 당연한 국제정치 전략이라고 볼 수 있다. 군사적으로나 경제적으로나 이미 중국이 일본을 앞질렀고, 최근의 추세로 보아 적어도 앞으로 십 수 년 동안은 그 격차가 더 벌어지면 벌어졌지 좁혀질 것으로 보이지는 않는다. 이런 상황에서 일본이 자력만으로 중국과 동아시아 중심 국가 자리를 놓고 경쟁한다는 것은 무모한 일이다. 그러므로 일본으로서는 미국이 지속적으로 동아시아 지역에서 중국의 성장을 견제하는 방향으로 개입해 주는 쪽이 좋다. 일본과의 동맹을 강화하는 것까지 함께 해 준다면 금상첨화다. 그러므로 앞으로 아베 정권은 미국에 대해서 지속적으로 '미국이 중국을 견제하는 데 일본은 전심전력을 다해 돕겠다'는 메시지를 줄 가능성이 매우 높다. 아베 총리가 미국 의회에 가서 주변 아시아 국가에 대해서는 사과하지 않았지만 미국에게는 듣기 좋은 연설을 한 것도 다 그런 이유에서일 것이다.

　두 번째 생각, 즉 미국이 동아시아 지역에서 중국을 견제하고 있는 지금 이 시기에 일본을 전쟁 가능한 국가로 바꿔 놓고 '총'과 '버터'를 최대한 모아 놓아야한다는 생각은 만일의 사태를 대비한 장기적 포석이라고 볼 수 있다. 여기서 만일의 사태란 미국이 동아시아 지역에서 중국과 적당한 선에서 타협해서 중국을 동아시아 중심 국가로 인정하는 사태를 의미한다. 그렇게 될 경우 이제 일본은 미국의 힘을 빌릴 수 없다. 그렇게 되면 일본은 중국과 힘겨루기를 전쟁이든, 협상이든 자력으로 해결해야 한다. 아베 정권도 전쟁만은 피하고 싶을 것이고, 그렇다면 남아 있는 카드가 협상 카드인데, 협상을 위해서는 '총'과 '버터'가 많이 필요하다. 국제정치에서 협상이라는 것이 상대방에게 결정적인 타격을 입힐 수 있는 '총' 과 장시간 전쟁을 버틸 수 있는 '버터' 를 양 쪽 모두 가지고 있을 때 가능한 것이기 때문이다. 만약 일본이 '총기사용 면허증' 도 없고, 성능 좋은 신식 총도 없고, 장기간 전쟁을 버틸 '버터' 도 없다면, 그래서 일본이 아무리 전력을 다해서 대항해 봐야 중국에 큰 피해가 없다면 중국은 일본에게 일방적인 양보를 강요하고, 그 요구가 수용되지 않으면 전쟁을 통해 자신의 뜻을 관철시키려 할 것이다. 그런 상황이라면 중국이 뭐가 아쉬워서 일본과 협상을 하려 하겠는가. 이것이 미국이 동아시아에서 중국을 견제하고 있을 때 일본이 최대한 군사력과 경제력을 길러 두려고 하는 이유다. '큰 형님' 이 계실 때 전쟁 가능 국가로 바꿔 놓고 '총' 과 '버터' 를 최대한 모아 놓아야 '큰 형님' 이 발을 빼도 내가 나중에 '왕서방' 이랑 협상이라도 할 수 있을 것 아닌가.

협상마저도 못할 정도로 '총' 과 '버터' 가 부족하게 되면

그 때는 정말로 '왕서방' 집 한 구석에 셋방살이를 해야 하

는데, 그 셋방살이 설움이 어떤 것인지는 과거에 '집주인'

으로서 셋방살이 하던 사람들한테 '갑질' 해 본 경험이 있는

일본으로서는 너무나 잘 알고 있는 터이다. '셋방살이' 라는

것이 집주인에게 꼬박꼬박 월세를 내야하는 신세이기 때문에

돈 모으기 쉽지 않은 구조다. 그러므로 만약 '왕서방네 셋방

살이' 하게 되면 일본이라는 나라는 경제적으로 쪼들릴 거고,

그럼 그 나라 안에 살고 있는 대다수 국민들은 전에 누리던

경제 수준과 자부심을 누리지 못하게 되고, 그럼 그들은 불만

에 가득 차게 되고, 그럼 기득권층에 대한 불만이 민심과 표

로 표출되게 되고, 그럼 근대 이후 일본 역사상 처음으로

‘혁명’이 일어나서 그 동안 유지되어 온 우익 중심, 자민당 중심 일본 기득권층은 몰락을 맞이하게 될 것이다. 새로운 질서 형성의 희생양이 될 것이라는 이야기다. 이런 우려 때문에 그렇게도 유난스럽게 아베 정권이 전쟁 가능한 국가가 되려 하고, 군비를 확장하려고 하는 것이다.

#  중국이 얼마나 강해졌기에

'도대체 중국이 얼마나 강해졌기에 미국이 긴장할 정도란 말인가?' 지금까지 살펴 본 바와 같이 이 질문에 대한 해답을 찾는 것은 최근 일본에서 일어나고 있는 일련의 사태들을 이해하는 데 매우 중요하다. 따라서 우리는 중국이 얼마나 강해졌는지를 객관적으로 냉철하게 인식할 필요가 있다.

결론부터 이야기하자면 중국이 미국의 세계 패권에 도전할 단계는 분명 아니지만 이제 동아시아 지역의 맹주임을 주장하고, 그 세력을 중앙아시아, 동남아시아로 확장해서 미국과 함께 그 지역을 '갈라먹을' 수 있는 정도는 된다. 지금부터 이야기할 내용은 그렇게 생각할 수 있는 근거에 해당한다.

한 때 중국이 국가 발전 방향으로 입이 닳도록 외쳤던 말이 있다. 도광양회(韜光養晦)가 바로 그것이다. 실력을 숨기면서 기회를 기다린다는 뜻이다. 좀 더 쉽게 이야기하면 '조금 힘이 생겼다고 너무 나대다가 미국 큰 형님 심기를 건드릴 경우, 자칫 잘못 하면 본전도 못 건진다. 그러니까 지금은 실력이 조금씩 늘어도 그것을 숨긴 채로 조용히 지내면서 기회를 노리자' 는 것이다.

그러던 중국이 최근 들어와서는 전혀 다른 움직임을 보여주고 있다. 1970년대 후반 덩샤오핑 집권 후부터 급속도의 경제성장을 했다. 경제 성장을 통해 엄청난 돈을 모았다. 주체할 수 없을 정도로 많은 돈이 쌓이니 전에는 못 하던 일을 할

수 있게 되었다. 최신식 전투기, 항공모함도 장만하는 등 군

사력을 증강했다. 일대일로(一帶一路) 프로젝트라는 인프라

구축 사업을 통해 아시아 전 지역을 자신들의 경제 영토로 편

입하려는 야심찬 계획도 짰다(얼마 전 시진핑 국가 주석이 중

동 국가를 방문한 것이 그냥 간 것이 아닌 것이다. 거기에다

가 중국 주도의 철도, 송유관, 가스 라인 같은 기반 시설을

깔려는 거대한 계획을 가지고 간 것이라고 봐야 한다.). 그

계획 추진을 위한 자금을 공급할 국제적 은행(아시아 인프라

투자 은행, AIIB)도 만들었다. 처음에는 AIIB 설립에 민감한

반응을 보이던 미국도 지금은 쿨 하게 인정하는 태도를 보인

다. 이 정도로 중국이 성장한 것이다.

요약 정리해 보자면 이런 것이다. 덩샤오핑 이후의 경제 성

장 덕분에 '버터' 가 생겼다. 그 '버터' 로 성능 좋은

'총'을 구매했다. 그랬더니 또 새로운 '버터'를 얻을 수 있는 길이 열렸다. 이런 일이 반복되면서 지금의 강대국 지위를 중국이 얻게 된 것이다.

강대국이 되었더니 예전에는 없던 충돌 사건이 자꾸 일어난다. 센가쿠 열도(중국어로는 댜오위다오)에서 일본과 부딪히고, 말레이시아, 필리핀, 베트남 등 동남 아시아 여러 국가들과 난사 군도에서 부딪힌다. 이것은 강대국이 아니었던 국가가 강대국이 되는 과정에서 발생하는 특유의 현상이다. '세력 범위'가 넓어지면서 예전에는 안 일어나던 마찰이 일어나는 것이다.

이렇게 동아시아 지역의 맹주가 되고 있는 중국의 움직임을 용납할 의사가 지금의 미국에게는 없는 것으로 보인다. 다음 꼭지에 자세하게 소개하겠지만 최근 미국은 중국 견제를 위한 정책들을 전략적으로 추진하고 있다. 그렇기 때문에 '한반도 THAAD 배치를 중국에 대한 견제를 위해 미국이 추진하는 것'이라고 주장하는 사람들이 적지 않은 것이다.

일본은 이런 미국의 움직임에 편승해서 중국과 경쟁하려 하고, 미국 역시 중국을 견제하는 데 일본을 적극 활용하려는 것으로 보인다. 19세기말 20세기 초 영국은 러시아를 견제하는 데 일본을 이용하고자 했다. 일본 역시 한반도와 만주를 두고 러시아와 경쟁함에 있어 영국의 도움이 필요했다. 영·일 동맹이 체결되고, 러·일 전쟁 당시에 영국이 수에즈 운하까지 막아가며 일본으로 향하는 러시아 발틱 함대를 괴롭혀서 일본 함대를 도왔던 것도 다 그런 맥락에서였다. 지금 미국과 일본의 관계는 그 당시의 영국과 일본의 관계와 매우 흡사하다. 아베가 미국 의회에 가서 미국 듣기 좋은 내용의 연설을 하고, 오바마가 원자폭탄에 피폭됐던 일본 히로시마를 방문한 것은 둘의 관계가 매우 가까워지고 것을 의미한다. 과거 전범 국가로서 미국에게 대항했던 일본이 지금 집단적 방위권을 주장하고, 평화 헌법을 개정해서 전쟁이 가능한 나라로 탈바꿈하려고 하는데도 불구하고 미국이 적극적으로 제지하지 않는 것은 양국의 이해관계가 상당 부분 일치한다는 것을 암시한다.

이렇듯 중국의 부상을 고려하지 않고서는 최근의 일본의 움직임을 이해할 수 없다. 또한 미국과 일본의 관계가 최근 더욱 가까워지고 있는 것도 중국의 부상을 빼놓고는 설명이 불가능하다. 일본과 미국이 서로 힘을 합쳐서 견제해야할 정도로 중국이 강해진 것이다.

  아베는 미치지 않았다

# 중국의 도전에 대한 미국의 대응

'그럼 중국이 이렇게 강해지는 동안 미국은 뭐 했나? 중국 견제 안 하고?' 안 한 것이 아니다. 힘닿는 데 까지 했다. 그런데 국내적, 국외적 상황이 좋지 않게 형성되면서 중국 견제에 성공하지 못한 것이다.

미국의 경제 상황을 악화시켰던 결정적인 사건은 바로 2008년 금융위기였다. 서브프라임 모기지 사태가 터지고, 리먼 브라더스가 파산했다. 엎친 데 덮친 격으로 부의 분배에 실패해서 사회적 갈등이 격화되었다. 여기에 제조업 쇠퇴와 일자리 감소가 겹쳤다. 매우 심각한 경제적 위기 상황이 한 동안 계속되었다. 이 위기 상황을 모면하기 위해서 금리를 비정상적으로 낮추고 시중에 인위적으로 돈을 풀었다(양적 완화). 언 발에 오줌 누는 방식으로 겨우 버텼던 것이다.

미국은 아직도 이와 같은 경제적 위기의 후유증을 앓고 있다. 버니 샌더스와 도널드 트럼프가 미국 대통령 선거에서 선풍을 일으킨 것은 바로 그런 후유증의 현실적 발현이다. 샌더스나 트럼프 모두 현재의 미국의 경제에 문제가 있다고 하는 진단에 있어서는 큰 이견이 없다. 다만 그 처방이 다를 뿐이다. '고장 난 미국 경제를 인간다운 모습으로 고쳐 쓰자'는 쪽이 버니 샌더스고, '멕시코-미국 국경에 장벽 만들어서 없어진 미국인의 일자리를 다시 만들겠다'는 쪽이 도널드 트럼프다. 둘 다 미국의 기존 경제 체제에서 소외된 사람들로부

터 전폭적인 지지를 얻었다는 점 또한 같다. 그 둘은 미국 경

제 시스템이라는 엄마가 낳은 '이란성 쌍둥이'인 것이다.

이러한 최악의 경기 침체 속에서 미국이 힘겹게 버티는 동

안 중국이 미국을 빠른 속도로 추격할 수 있었다. 하지만 미

국이 이제는 다시 일어서고 있다. 가만히 당하고 있을 미국이

아닌 것이다(이 두 '거인'의 싸움이 재미있는 이유다. 한

쪽이 주춤하니 다른 한 쪽이 추격하고, 한 쪽이 추격하면 그

반대쪽이 뿌리친다. 관중 입장에서는 이것만큼 재미있는 싸움

도 없는 것이다.).

미국이 다시 일어설 수 있었던 것은 새로운 종류의 부, 지

금까지와 차원을 달리하는 부를 창출하는 방법을 최근 터득했

기 때문이다. '제4차 산업 혁명'이라 불리는 분야가 대표적

인 예이다. 미국은 AI(인공지능), 로봇, 3D 프린터, 4D 프린

터 등 신기술을 만들어낼 수 있는 과학적 토대, 그리고 그런

신기술과 산업이 융합할 수 있는 토양이 잘 갖춰진 몇 안 되

는 나라이다. 그런 토양 덕분에 신기술의 산업화에 성공하고

있으며, 그에 따라서 제조업이 부활하고 일자리가 늘어나며

경제가 안정을 되찾고 있다. 잠시 주춤했던 거인이 다시 움직

이기 시작한 것이다.

경제적 위기 극복을 위한 노력만 한 것이 아니다. 중국을

견제하는 데 집중하기 위해서 지금까지 대립의 각을 세웠던

나라들과의 관계를 우호적으로 정리했다. 이란과의 관계 정상

화가 가장 대표적인 케이스다. 수십 년 동안 갈등하던 이란과

손을 잡은 것이다. 쿠바와도 관계를 정상화했다. 수십 년 앙

숙이었던 쿠바와도 손을 잡은 것이다. 중국이 남미에서 세력

을 확장하려고 하자 미리 손을 쓴 것이다. 미국 바로 아래쪽

에 있는 쿠바와 중국이 손을 잡으면 골치 아파질 것이기 때문이다. 최근 중국은 파나마 운하에 대적할만한 운하를 니카라과에 건설하려고 했고, 브라질에서 태평양에 이르는 장대한 철도를 건설하려고 했다. 이런 중국의 중남미 세력 확장을 견제하려는 의도로 쿠바와 손을 잡은 것이다.

그 뿐이 아니다. 미얀마, 베트남 등 중국 근처에 있는 동남아 국가들과의 관계도 우호적으로 개선했다. 모두 중국 견제용이라고 봐야 한다. 아베 총리가 미국 의회에서 연설할 수 있게 해 주었던 것도, 오바마 대통령이 일본을 방문했던 것도 아시아 지역에서 중국에 대항하는 세력을 결성해서 더 이상의 중국의 세력 확장을 막겠다는 것이다.

이제 바야흐로 21세기 중국과 미국의 대결은 2라운드로 접어들고 있다. 1라운드에서 주춤거렸던 미국은 점수를 조금 까

먹었고, 그러는 사이에 중국은 포인트를 올렸다. 하지만 중국이 방심할 수는 없을 것이다. 지난 1라운드는 미국에게는 불리했고 중국에게는 유리한 라운드였기 때문이다. 지금까지 중국은 도시화, 산업화, 정보화 등 선진국들이 밟았던 과정을 그대로 따라하면 되는 나라였다. 선두 그룹이 만들어 놓은 모범 답안을 미리 알고서 열심히 외우기만 하면 되는 상황이었던 것이다. 반면 미국은 '1등의 고뇌', '창작의 고통'에 빠져 있었다. 아무도 가보지 않은 길을 가장 앞서서 가는 사람에게는 미리 만들어 놓은 지도가 없는 법이다. 앞이 잘 보이지 않는 미지의 영역을 개척하느라 잠시 주춤할 수밖에 없는 시기. 지금 미국은 이제 막 그 시기를 빠져나오고 있는 것으로 보인다. 제4차 산업 혁명의 시대에 적응하는 법을 터득한 것이다. 최근 미국에서 제조업 일자리가 늘어나고 있는 것이 그 증거다.

　따라서 최근 불붙은 미국과 중국의 대결 제2라운드는, 1라운드와는 정반대로, 미국에게 유리한 상황에서 전개될 가능성이 높다. 이미 4차 산업 혁명에 적응하는 법을 어느 정도 터득한 상태에서 중국을 견제하기 위해서 동아시아 지역으로 힘을 집중시키고 있는 미국, 이제 막 제4차 산업 혁명에 적응하는 법을 학습하기 시작한 상태에서 동아시아 지역에서만큼은 맹주의 자리를 차지하려고 하는 중국, 이 두 나라가 제4차 산업 혁명의 승자, 동아시아 지역 패권 국가 자리를 놓고 한 판 싸움을 벌이게 되었다. 이 싸움이 어떻게 흘러가느냐에 따라 전 세계적 국제질서가 요동칠 것이다. 일본, 그리고 아베 정권의 앞으로의 행보 역시 이 싸움과 별개로 생각할 수는 없다.

# 고래 싸움에 덕 보는 새우

미국과 중국이 동아시아 지역에서 가장 직접적으로 대립하고 있지만, 자세히 들여다보면 이 두 나라의 경쟁은 중남미, 동남아시아, 중앙아시아 등 거의 지구의 절반 가까운 지역에서 직·간접적으로 벌어지고 있다. 중국이 중앙아시아와 동남아시아에서 경제 영토를 구축하기 위해서 일대일로 프로젝트를 추진하니 미국 역시 중앙아시아와 동남아시아를 연결하는 '신실크로드 전략'을 추진한다. 중국이 일대일로 프로젝트를 추진하기 위해서 아시아 인프라 투자은행을 만들었던 것과 마찬가지로 미국 역시 환태평양경제동반자협정의 활성화를 추진한다. 둘 사이의 경쟁은 날마다 광범위한 장소에서 벌어지고 있는 것이다.

이렇게 강대국 사이의 대립과 경쟁이 벌어질 때 종종 일어나는 현상이 '고래 싸움에 새우가 덕 보는' 것이다. 대립하고 있는 두 강대국이 서로를 견제하기 위해서 제3국에 우호적인 손길을 내미는 과정에서 생기는 결과물이라고 할 수 있다.

가장 대표적인 사례가 앞서 미얀마다. 앞서 이야기했던 아웅산 수치 여사가 미국보다 중국을 먼저 방문함으로써 미얀마는 중국으로부터 경제적 지원을 기대할 수 있게 되었다. 그런데, 그런 아웅산 수치 여사의 행동에 서운한 감정을 느꼈을 미국 역시 미얀마에 경제적 지원을 약속했다. 미국과 중국의 가운데에서 미얀마는 양쪽으로부터 이득을 얻고 있는 것이다.

미얀마는 과거에는 미국으로부터 외교적으로 배척 받던 나라이다. 그랬던 미얀마가 최근 미국으로부터 경제적 지원이라는 선물 보따리까지 받고 있는 것이다.

물론 이와는 반대로 강대국 사이에 끼어 있는 약소국이 큰 피해를 입는 경우도 있다. '고래 싸움에 등 터지는' 경우도 있는 것이다. 하지만 최근의 미얀마와 같이 그 반대의 경우도 충분히 벌어질 수 있다는 이야기다. 따라서 약소국의 입장에서는 이런 호기가 왔을 때 그 기회를 최대한 살릴 필요가 있다. 국제정치의 묘미 중 하나라고 할 수 있다.

하지만 일본은 그런 예에 끼지 않는다. 일본은 그래도 '새우'가 아니라 '참치' 급은 되는 것이다. 새우는 내가 살고 있는 구역의 왕(王)이 되고자 하는 마음이 없다. 그러므로 두 마리 고래가 왕의 자리를 놓고 싸울 경우 어느 한 쪽 편을 들지 않고 중간에 서서 양쪽으로부터 챙길 것만 챙기면 되는 것이다. 하지만 참치는 사정이 다르다. 참치는 내가 살고 있는 구역에서만큼은 왕이 되고 싶다. 그런 참치는 내가 살고 있는 구역에 함께 살고 있는 고래랑 싸워야 하는 경우도 있는 것이다. 그런 경우 참치는 두 마리 고래 중간에서 중립을 지키기가 어렵다. 내가 살고 있는 구역으로부터 멀리 떨어져 있는 고래 편을 들어야 하는 것이다. 나랑 멀리 떨어져 있는 고래가 내 바로 옆에 있는 고래를 이겨줘야 내가 내 구역에서 왕잡을 수 있는 것이다. 이럴 때 참치는 멀리 사는 고래에게 '절대 충성'을 외치고, 그 둘 사이의 갈등을 일부러라도 증폭시켜야 한다. 멀리 사는 고래가 가까이 사는 고래와 화해하게 되면 그 때부터 참치는 혼자서 가까이 사는 고래를 상대해야하기 때문이다.

# 제3장

## 아베 정권의 경제 정책과 프로파간다에 대한 합리적 설명

# ∇ '잃어버린 20년', 그리고 '아베노믹스'

국제정치라는 함수를 만들어내는 여러 변수 중 가장 중요한 것은 군사력이다. 하지만 경제력 역시 군사력 못지않게 중요하다. 국제 정치에서 '총'과 '버터'는 따로 떼어내서 생각할 수 있는 것이 아니기 때문이다. 더 큰 경제력을 가지면 더 강한 군사력을 가질 수 있다. 마찬가지로 더 강한 군사력을 가지면 더 큰 경제적 이익을 얻을 가능성이 높아진다. 국가 사이에 이해 관계의 충돌이 일어날 때 군사력과 경제력이 월등한 국가에게 유리한 방향으로 교통정리가 되는 이유가 바

로 여기에 있다.[3]

일본의 아베 정권 역시 중국과의 경쟁에서 유리한 입장에 서기 위해서 군사적, 외교적인 방면 뿐 아니라 경제 부문에 있어서도 여러 가지 노력을 하고 있는 것으로 보인다. 더 많은 '버터'를 갖기 위해서, 즉 일본의 경제력을 신장시키기 위해서 여러 가지 특단의 대책들을 쏟아내고 있는 것이다. 그런 아베 정권의 경제 정책 방법론을 흔히 '아베노믹스'라고 부른다.

아베노믹스의 등장 배경은 '잃어버린 20년'으로 상징되는 장기간에 걸친 일본의 경제 불황이다. 앞에서 살펴보았듯이 일본 경제는 1985년 플라자 합의로 인해 수출이 부진해 졌다. 여기에 엎친 데 덮친 격으로 1990년대 들어서 부동산 등 자산

---

3) 이것은 E. H. Carr 저, 김태현 역,《20년의 위기》, 녹문당, 2014.에 나오는 일부 내용을 패러프레이즈(paraphrase)한 것이다.

버블이 꺼졌다. 잘 나가던 일본 경제가 내리막길을 걷기 시작했다. 그로부터 2010년대에 이르기까지 일본 경제는 살아나지 않았다. 성장률 감소, 일자리 감소, 자산 가치 감소 등이 계속되었다. 이와 같은 1990년대부터 2010년대까지 이어진 일본의 장기 경기 침체를 '잃어버린 20년'이라고 부르는 것이다.

2012년 시작된 아베 정권은 집권 초기부터 '잃어버린 20년'으로부터 탈피, 침체된 일본 경제를 되살리는 데 총력을 기울이겠다고 선언하고, 2016년 지금까지 그 이전 정권에서는 보기 힘들었던 여러 경제 정책을 실시했다. 그 대표적인 것이 일본은행의 기준금리를 마이너스(−) 금리로 만들고, 돈을 많이 찍어 내서 시중에 푸는 조치(양적 완화)였다. 금리를 마이너스로 하면 사람들이 은행에 있던 돈을 시장에서 쓰게 되어 소비가 진작될 것이라는 생각, 그리고 시중에 돈을 풀면 일본

엔(¥)화의 가치가 하락해서 수출 상품의 가격 경쟁력이 올라가 수출을 진작할 수 있을 것이라는 생각 때문 이었다.

위와 같은 조치 이후 국내 총생산이 소폭 증가하고, 임금이 오르고, 일자리도 증가한 것으로 보아 아베노믹스가 어느 정도는 성공을 거두고, 그 결과 일본의 경제가 조금 살아난 것은 사실인 것으로 보인다.

하지만 이는 단기간의 눈에 보이는 성장을 위한 극약 처방, 혹은 실제 성장이 아닌 '성장하는 듯' 보이게 만드는 '분식회계(粉飾會計)'와 같은 조치라는 비판도 만만치 않다. 일본 경제의 근본 체질을 바꿔서 실물 경기를 살린 것은 아니라는 것이다.

경제의 근본 체질을 바꿔 실물 경기가 살아나고 있는 대표적인 국가는 미국이다. 최근 미국의 경제 성장은 제4차 산업 혁명에 완벽 적응하며 신산업이 일어나고 그로 인해 일자리가 증가하는 등 경제의 근본 체질을 성공적으로 개선했다고 평가받는다. 이와는 달리, 최근 일본 경제의 소폭 성장은 새로운 산업 영역을 개척한 결과라기보다는 금리 인하, 양적 완화를 통해 인위적으로 시중에 돈이 풀리도록 유도한 결과라는 것이다.

냉정하게 되돌아보면 일본은 1990년대부터 시작된 잃어버린 20년의 기간 동안 전 세계적 경제 전쟁에서 승리하지 못했다. 패배했다고 봐도 무방할 정도이다. 소니, 파나소닉, 샤프, 도시바 등 이름만 들어도 가슴 설레었던 고급 가전제품 기업들이 삼성전자 등 다른 나라 기업에 밀려 2000년대 들어 약세를 면치 못했다. 결국 과거의 영광을 뒤로하고 샤프 등 상당수 기업들이 대만, 중국에 팔려나갔다. 이렇게 과거에 잘 나가던 산업 분야에서는 고전을 면치 못했을 뿐 아니라 신산업 분야

를 개척하는 데 있어서도 그리 성공적이지 못했다. 점점 세계

경제에서 일본이 차지하고 있던 영역이 줄어든 것이다.

그러므로 일본 경제가 다시 성장하는 근본적인 해결책은 신

산업 분야 육성을 통해서 잃었던 경제 영토를 회복하는 것이

다. 아베 정권이 이를 모를 리 없다. 그들 역시 이를 잘 알고

있을 것이다. 그럼에도 불구하고 근본적인 경제 체질 개선이

아니라 금융정책, 통화정책을 통한 단기적 경기 부양을 노리

는 '아베노믹스'를 추진한 이유는 뭘까?

#  자민당의 '강한 일본'과 나치당의 '위대한 독일 민족'

현재 일본의 집권 여당인 자민당은 1955년에 창당한 이래로 2009년까지 한 번도 선거에서 진 적이 없었다. 55년 동안 선거만 했다 하면 승리했던, 그래서 집권 여당만 했던 사람들이 모인 정당이 자민당이라는 이야기다. 그런 그들이 2009년의 국회의원 총선거에서 만년 야당이라고 깔보았던 민주당에게 참패를 당하고 정권을 내주고 말았다.

자민당의 총선 패배는 '잃어버린 20년'에 대한 일본 국민의 심판이라는 의미가 강했다. '지난 잃어버린 20년 기간 동안 일본의 정권을 쥐고 있으면서 자민당이 한 일이 도대체 뭐냐?'는 생각을 갖고 있던 일본 국민들이 자민당에 대한 정치적 심판을 내린 것이다.

하지만 2009년부터 2012년까지 이어진 민주당 통치 기간 동안 일본의 경제 사정은 별로 나아지지 않았다. 자민당에게 다시 한 번 기회가 온 것이다. 2012년 국회의원 총선거에서 자민당은 경제를 살려서 '강한 일본을 국민 여러분께 돌려드리겠다'는 선거 구호를 내세웠고, 그 결과 민주당을 누르고 정권을 되찾는데 성공했다.

그렇게 집권한 그들에게 있어서 '잃어버린 20년의 극복', '일본 경제의 회복', '경제 성장'은 그 어떤 가치와도 바꿀 수 없는 절대명제가 되었을 것이다. 그들이 정권을 빼앗긴 이유도, 그들이 다시 정권을 다시 찾을 수 있었던 것도 모두 '경제 회복에 대한 국민적 요구'였기 때문이다. 다시 한 번 일본 경제가 침체를 맞이한다면 또 언제 정권을 빼앗길지 모를 일이고, 그렇게 되면 기득권층의 지위를 상실할 수도 있다는 위기감이 작용하였을 것이다.

아베 정권이 '아베노믹스', 즉 금융정책, 통화정책을 통한 단기적 경기 부양 정책을 추진하게 된 것은 아마도 그런 이유 때문이었을 것이다. '신산업 육성을 통한 경제 체질 개선 작업도 물론 하겠다. 하지만, 그 작업은 너무 긴 시간과 많은 노력, 인내가 요구된다. 그렇게 긴 시간을 국민들이 참아줄 것 같지 않다. 반면 금융정책, 통화정책을 통한 단기적 경기 부양 정책은 즉각적인 효과가 난다. 정권이 바뀌자마자 성과가 나게 되면 국민들은 '역시 자민당이 하면 뭔가 달라'라며 박

수를 칠 것이다. 그러므로 정권을 획득, 유지, 연장하기 위해서는 '아베노믹스'를 할 수 밖에 없다.' 이런 절박한 자민당의 마음의 발현이 '아베노믹스'라고 봐야 한다.

이런 '아베노믹스'에 대한 일본 국민의 반응은 나쁘지 않은 것으로 보인다. 2016년 현재 아베 정권과 자민당에 대한 일본 국민의 지지도는 상당히 높은 편이기 때문이다. 자민당의 정치적 계산이 맞아 떨어진 것이라고도 볼 수 있다.

이런 일본의 경제적 상황과 그로 인한 국민적 욕구, 자민당의 행보, 그리고 그에 대한 일본 국민의 반응을 보면 제2차 세계대전 직전의 독일의 사정을 보는 것 같아 매우 우려가 된다. 1920년대 독일 역시 제1차 세계 대전의 패배, 하이퍼 인플레이션, 세계 경제 대공황 등으로 인해 장기간의 경제적 위기 상황에 빠져 있었고, 그로 인해 국민들은 일자리와 실질

소득의 증가 등 경제 회복에 대한 강한 열망을 갖고 있었다.

그런 상황 속에서 '위대한 게르만 민족의 국가 강한 독일의

재건'을 기치로 내건 히틀러의 나치당이 독일 국민들의 피폐

해진 마음을 사로잡아 국민 대다수의 지지를 얻어 집권하게

되었던 것이다. 정권을 잡은 나치당은 재무장, 군비 확장을

부르짖으며 국가가 시장에 적극적으로 개입함으로써 군수 공

업 육성을 통해 얼어붙었던 경제를 활성화시키고 군수 공장

취업, 군인 채용 등의 조치를 통해서 일자리를 늘렸다. 그러

자 일시적, 단기적으로 독일 경제는 실업률 하락, 실질 임금

의 성장 등 회복세를 보였고, 독일 국민들의 나치당에 대한

지지율은 천정부지로 치솟았던 것이다.

위의 독일의 역사적 사례를 요약 정리해 보면 장기간의 경

기 침체와 그로 인해서 생긴 경제 회복(특히 일자리와 실질

소득의 증가)에 대한 국민적 열망, '경제력 회복을 통한 강한 국가 만들기'를 주장하며 집권한 우익(혹은 극우) 정당, 그렇게 집권한 정권의 경제 개입을 통한 인위적 경기 부양 정책에 지지를 보이는 국민들의 반응 정도가 될 것인데, 이것은 거의 정확히 지금의 일본의 사정과 일치한다. 나치당 집권 하의 독일이 훗날 어떤 길을 걷게 되었고, 그로 인해 전 세계의 수많은 사람들이 어떤 삶을 살게 되었던가를 생각해 볼 때 지금의 일본이 처해 있는 상황은 우려의 대상에서 제외되기가 매우 어려운 것이다.

#  프로파간다가 국제정치에 미치는 영향

국제정치라는 함수를 결정하는 주된 변수는 군사력과 경제력이다. 하지만 군사력과 경제력만큼은 아니어도 어느 정도 국제 정치에 영향력을 가질 수 있는 영역이 있다. 그것은 바로 국민들을 상대로, 혹은 주변국을 상대로 자국(自國) 정책의 정당성과 경쟁국 정책의 부당함을 선전하는 활동, 즉 프로파간다(propaganda)이다.[4]

최근 일본이 보여주고 있는 프로파간다의 컨셉은 '피해

---

4) 이것은 E. H. Carr 저, 김태현 역,《20년의 위기》, 녹문당, 2014.에 나오는 일부 내용을 패러프레이즈(paraphrase)한 것이다.

자’ 이다. 일본은 제2차 세계 대전에서 패배로 인해 부당한 대우를 받았다는 것이다. 제2차 세계 대전 당시 일본이 했던 침략 행위와 그로 인해 생긴 피해자들에 대한 사죄가 없다는 비판에 대해서는 ‘침략의 정의는 정해져 있지 않다’, ‘우리 다음 세대의 일본 아이들에게 사죄를 계속하는 숙명을 지게해서는 안 된다’ 는 논리로 맞대응하면서도 원자 폭탄 투하 등 자신들이 당했던 일에 대해서는 ‘우리는 억울한 피해를 입었다’ 는 피해자 컨셉으로 일관하고 있는 것이다.

강대국의 프로파간다 행위를 바라볼 때 기억해야할 점이 있다. 그들의 선전 활동을 이해할 때 감정적, 도덕적 가치판단 기준을 앞세워서는 안 된다는 것이다. 그렇게 될 경우 그들의 전략에 이용당하게 될 우려가 있기 때문이다.

최근 중국이 보여주고 있는 프로파간다 활동이 대한민국 국민들의 정서를 파고드는 데 어느 정도 성공한 것이 그 대표적인 사례가 되겠다. 2000년대 초반에 중국은 '동북공정'이라는 역사학 프로젝트를 가동해서 고구려와 발해의 역사를 중국 역사의 일부로 편입하려는 시도를 해 대한민국 정부와 국민으로부터 심한 비판을 받았다. 그랬던 중국이 최근 안중근 의사 기념관을 만들어 대대적으로 홍보하고, 일본에 대항해서 싸워 1945년에 일본을 몰아낸 것을 기념하기 위해 마련한 전승절 70주년 기념행사에 대한민국 대통령을 초대했다. 동북공정으로 대한민국 국민의 심기를 불편하게 했던 중국이었는데, 자신에 대한 미국의 견제가 본격화되고 일본이 미국에 협조하면서 중국에 대항하려는 자세를 보이자 갑자기 태도를 180도 바꾸어 대한민국 국민들의 인기를 끌만한 이벤트를 계속 만들어 내기 시작한 것이다.

조금만 생각해 보면 이런 이벤트를 계속 만들고 있는 중국의 의도를 꿰뚫어 볼 수 있을 것이다. 그들은 미국을 중심으로 중국을 견제하고 있는 한-미-일 집단 안보 체제에 균열을 내고 싶은 것이다. 그 세 나라 중 미국과 일본은 자신들과 직접적으로 이해 충돌을 일으키고 있고, 중국에 대한 입장에 있어서 미국과 일본의 이해관계가 거의 일치하며, 그래서 미국과 일본의 전략적 결합이 현재로서는 너무 강하다. 그렇기 때문에 중국은 한국인의 반일 감정을 전략적으로 이용해 한-미-일 집단 안보 체제에 균열을 내려고 하는 것이다.

이런 중국의 의도를 간파하지 못하고 감정적, 도덕적인 관점으로 중국의 외교적 이벤트를 보게 되면 자칫 '일본은 과거를 사죄하지 않는 괘씸한 국가인데 반해서 중국은 오래 전부터 지금까지 그런 괘씸한 일본과 맞서 싸우고 있는 좋은 친

구' 라는 생각을 갖기 쉽다. 이렇게 생각하는 국민들이 많아

지고, 그래서 대한민국의 대통령 선거나 국회의원 총선거에서

각 정당이 중국과 일본에 대해서 어떤 태도를 보이느냐가 선

거의 주요 쟁점으로 부상하게 되면 대한민국 전체의 의사결정

방향이 중국의 책략에 놀아나게 될 가능성이 커지는 것이다.

#  '피해자' 컨셉의 이유 1-국내 정치용

앞서 밝혔듯이, 국제정치에서 강대국의 프로파간다 행위를 도덕적, 감정적으로 바라보게 되면 그 행위의 진짜 의도를 볼 수 없게 된다. 냉철한 '손익계산'의 관점에서 바라보아야 한다. 그래야만 다른 나라의 프로파간다 행위의 의도의 진의를 파악할 수 있다.

이런 관점에서 보면 아베 정권이 왜 '피해자' 컨셉의 프로파간다 행위를 하고 있는지를 어렵지 않게 이해할 수 있다. 그들은 '잃어버린 20년'으로 인해 생긴 국민적 자괴감, 패배감을 국민적 자긍심으로 바꾸려 한다. 그들이 노리는 것은 일본 국민들이 다음과 같이 생각하도록 만드는 것일지도 모른다.

지금 우리 일본은 장기적 경기 침체를 겪어 국민들의 삶이 힘들어지고 있다. 우리가 이렇게 된 이유는 제2차 세계 대전에서 일본이 패배했다는 이유만으로 강대국들이 일본을 부당하게 대우했기 때문이다. 그 시절에는 영국, 미국, 프랑스 등 강대국들은 모두 다른 국가를 식민지로 만든 경험이 있다. 그런데 유독 우리에게만 제국주의니, 군국주의니, 전쟁범죄국가니 하는 이름표를 붙여서 전쟁도 못하게 만들고, 원래 우리 일본 영토였던 독도를 빼앗아가고, 원자 폭탄으로 우리 국민들을 수도 없이 죽여 놓고도 사과 한 마디 없는 것이다. 이렇게 보면 침략의 정의는 정해져 있는 것이 아니다. 전쟁에서 이긴 나라가 다른 나라로 가면 진출이요, 전쟁에서 진 나라가 다른 나라로

가면 침략이 되는 것이다. 한 마디로 우리는 피해자다. 누구나 다 전

쟁을 했는데 전쟁에서 진 우리만 그 전쟁의 모든 책임을 지게 된 것

이다. 그러므로 우리가 과거에 했던 행위들에 대해서 사과를 해야 할

이유가 없다. 자꾸 우리 스스로 우리가 잘못했다고, 반성해야 한다고,

사과해야 한다고 생각하는 역사관은 자학 사관, 즉 스스로를 학대하

는 사관이다. 이런 생각을 가져서는 강한 일본을 만들 수 없다. 평화

헌법도 우리를 점령했던 강대국이 우리에게 강요한 것이다. 우리를

영원한 약자로 만들기 위해서 우리를 우리 의지에 따라 전쟁도 못하

게 하는 비정상국가로 만든 것이다. 우리는 전쟁이 가능한 정상 국가

가 되어야 한다. 그렇게 되면 일본은 강한 나라가 되어 앞으로 그 어

느 나라도 우리를 얕볼 수 없게 된다. 또 그렇게 되면 지금까지 우리

가 겪었던 '잃어버린 20년'과 같은 장기간의 경기 침체 등 억울한 일

은 당하지 않아도 된다. 우리는 피해자다. 그래서 억울한 일을 너무

많이 당했다. 이제 우리는 강해져야 한다. 이제 우리는 전쟁할 수 있는 국가, 강한 군사력을 갖춘 국가, 그래서 실업, 소득 감소 등의 억울한 경기 침체를 겪지 않아도 되는 나라가 되어야 한다. 일본 국민들이여! 우리는 이제 더 이상 약자가 아니다. 우리는 강하다. 더욱 강한 일본을 만드는 이 길에 자민당이 선두로 나서겠다. 이제 우리 모두 자민당을 믿고 따르자! 강한 일본 국민으로서 자긍심을 갖자! 위대한 일본 만세! 만세! 만만세!

이런 방식으로 일본 국민들에게 피해자 의식을 갖게 하고, 그 피해 의식을 국민적 자긍심으로 바꾼 뒤에, 그 국민적 자긍심을 자민당 아베 정권에 대한 지지로 연결시키는 것. 이것이 아베 정권의 '피해자' 컨셉 프로파간다 행위의 진짜 의도일 가능성이 크다. 일본 제국주의, 군국주의의 과거 잘못을 인정하는 것은 '자학사관' 이라며 과거 침략의 역사를 감추거나 부정하려고 하는 것도 그런 이유일 수 있다.[5]

　줄기차게 독도를 영토 분쟁 지역화 하려는 것도, 주변국들로부터 그토록 많은 비난을 받으면서도 자민당 의원들이 야스쿠니 신사를 참배하는 것도 모두 그런 맥락에서 하는 행위라고 볼 수 있다. 독도를 자꾸만 '원래 일본 영토인데 부당하게 빼앗겼다' 고 억지를 부리는 것은 실제로 독도를 갖겠다는 의도라기보다는 자신들이 피해자라는 것을 부각시키기 위한 프로파간다 전략이라고 봐야 한다. 자민당 국회의원들의 야스쿠니 신사 참배 역시 마찬가지이다. '일본을 위해서 목숨 바친 사람들을 일본인인 우리가 참배하는 데 자꾸만 외국에서

---

5) 이런 주장을 하는 것은 자민당의 연원을 따라 올라 가면 과거 일본 제국주의와 군국주의로 연결된다는 점, 즉 자민당의 역사적 정체성에 흠집이 날 수 있기 때문이기도 할 것이다. 이 점은 제1장의 가장 첫 부분에서 이야기한 바이기도 하다.

비난을 한다. 이런 억울한 일을 당하는 이유는 우리가 전쟁에서 패배하면서 가해 국가, 침략 국가라는 죄를 뒤집어썼기 때문이다.'라는 메시지를 국민들에게 계속 전달해서 국민적 지지를 끌어내기 위한 전략인 것이다. 과거 독일의 나치당이 제1차 세계 대전 결과 독일이 받아들여야 했던 가혹한 전쟁 배상금 등 가혹한 강화 조건을 거론하며 '우리 독일 민족이 전쟁에서 패배하는 바람에 억울한 처분을 당했다' 는 식으로 국민들을 선동하여 엄청난 국민적 지지를 이끌어냈던 것과 유사한 방식이라고 볼 수 있다.

#  '피해자' 컨셉의 이유 2-국제 정치용

아베 정권이 국가적 프로파간다 행위의 컨셉을 '피해자'로 정한 것은 국내 정권 유지만을 위한 것이 아니다. 그것은 국제 정치용이기도 하다. 중국과의 프로파간다 싸움에서 승리하기 위해서 일본에 대한 미국의 지원을 유도하려는 것으로 보인다.

어째서 아베 정권의 '피해자' 컨셉 프로파간다가 미국의 지원을 이끌어내는가. 이것을 가장 잘 보여주는 사례는 오바마 대통령의 일본 히로시마 방문 사건이었다. 아베 정권의 요청에 따라 오바마 미국 대통령이 히로시마를 방문했다. 아베는 왜 다른 곳이 아닌 히로시마 방문을 요청했을까? 그 의문은 오바마가 히로시마를 방문했을 때 들렀던 공원의 이름을 통해 미루어 짐작할 수 있다. 히로시마에 방문한 오바마는 히로시마 평화공원을 찾아 갔다. 그 공원은 일본의 피해자 컨셉 프로파간다를 상징하는 장소이다. 1945년 미국은 히로시마에 원자 폭탄을 투하했다. 히로시마 평화공원은 바로 그 원자폭탄의 참상과 일본인들이 입었던 피해를 널리 알리기 위해 조성된 것이다. 그래서 원자폭탄이 떨어진 바로 그 지점 근처에 위치해 있고, 원폭 피해자를 위한 위령비도 위치해 있다. 침략 전쟁을 일으킨 가해자 이미지를 벗고 원자폭탄을 맞은 피해자 이미지를 부각시키기 위해서 만든 공원인 것이다.

이런 장소에 미국 대통령의 방문을 아베 정권이 요청하고

유도한 것은 주변국들에 대한 강력한 선전 효과를 노린 것이

라고 볼 수 있다.


　우리 일본은 침략 국가, 가해 국가가 아니야. 원자 폭탄을 맞은

피해 국가야. 이번 오바마의 히로시마 방문이 바로 그 증거야. 그 때

우리에게 원자 폭탄을 투하했던 미국의 대통령이 직접 히로시마 평

화공원을 방문해서 원자폭탄 피해자들을 위로하고 갔잖아. 이것보다

더 큰 증거가 어디 있어? 이것을 계기로 이제 우리 일본과 미국은

어색했던 과거를 모두 다 청산하고 힘을 합치기로 했어. 요즘 중국이

조금 뜨고 있고, 그래서 다들 우리 일본보다 중국을 더 인정하는 것

같던데, 다시 우리 일본으로 힘의 중심이 넘어오는 것은 시간 문제야.

미국 큰 형님이랑 내가 힘을 합치면 중국을 넘어서는 것은 일도 아

니라는 이야기지. 그러니까 중국 쪽으로 붙지 말고 우리 일본 쪽으로

붙는 게 좋을 거야. 자고로 사람이나 나라나 줄을 잘 서야 하는 법이거든.

요컨대, 일본의 피해자 컨셉 프로파간다는 미국과의 관계 강화를 최우선의 목적으로 하고, 동아시아 국가들이 중국보다 일본 쪽으로 우호적인 관계를 맺도록 유도하기 위한 것이라고 볼 수 있다. 그렇게 함으로써 중국과의 경쟁에서 선전 효과로 인한 이득을 보겠다는 계산인 것이다.

이런 일본의 프로파간다에 대응하는 중국의 프로파간다는 '항일 투쟁 공동체' 컨셉이다. 과거의 침략 행위를 사과하지 않는 일본에 대해서 동아시아 국가들의 공동대응을 요구하고, 과거 항일 투쟁의 과정에서 서로 돕고 도왔던 역사적 경험을 계속 공유하자는 방향으로 선전 활동을 전개하는 것이

다. 안중근 기념관과 난징 대학살 역사관을 건립하고, 항일

전쟁 승리 기념식 행사에 한국 대통령을 초대하고, 틈만 나면

시진핑 주석이 나서서 ‘일본을 제외한 동아시아 국가들은 과

거 일본 제국주의, 군국주의에 공동 대항한 역사가 있다’ 는

이야기를 하는 것도 모두 중-일 경쟁 구도 속에서 벌어지는

중국의 프로파간다 전략이다.

# 제4장

## 아베 정권을 통해서
## 우리가 배워야할 것들

# ⏾ 어떻게 '히틀러' 출현을 방지할 수 있나

1. 전쟁 패배 후 강대국의 응징적 전후 처리로 인한 국민적 불만

2. 장기간의 경기 침체의 여파로 인한 국민 경제와 민생의 파탄

3. 극우(혹은 우익) 세력의 집권

4. 재무장

5. 소수 민족에 대한 혐오 조장


위 다섯 가지 조건은 1930년대 독일에서 '히틀러' 라는

괴물과도 같은 역사적 인물이 탄생하게 된 사회적 배경이었

 아베는 미치지 않았다

다. 하지만 독일에서 이제 더 이상 '히틀러'와 같은 인물은 출현하지 못할 것 같다.

그런데, 신기하게도 약 80년 전 히틀러를 탄생시킨 사회적 상황이 21세기 일본에서 나타나고 있는 것 같은 느낌이 든다. 무엇이 '히틀러 청정 국가'인 21세기 독일과 일본의 차이를 만들었을까.

두 나라 모두 제2차 세계 대전의 전쟁범죄국가, 패전국가라는 공통점이 있다. 그럼에도 불구하고 1930년대의 독일과 같은 상황이 독일에서는 '옛 이야기'가 된 반면, 일본에서는 현재 진행형인 것 같은 느낌이 드는 이유는 제2차 세계 대전 이후 두 나라가 걸어 온 길이 너무 달랐기 때문이다. 독일은 일본과 달리 철저하게 나치당을 청산했다. 법적으로도, 정치적으로도, 역사적으로도 이제 나치당과 같은 정당이 발 붙일

곳은 독일 영토 중 그 어디에도 없다. 독일에서 과거 나치당

이 했던 행동과 비슷한 행보를 보이는 정당은 법에 의해 해산

당하거나 국민들로부터 버림을 받는다. 나치당이 했던 과거

행동들을 찬양하는 말이나 행동을 하면 미친 사람 취급을 받

거나 법에 의해 심판을 받게 된다. 학교에서 역사를 가르칠

때 과거 나치당 집권 시절 독일이 했던 잘못을 철저히 반성하

도록 교육한다. 독일 총리가 유태인 희생자들에게 사죄하기

위해 무릎까지 꿇었다. 만약 또 다시 나치당이 유태인에 대한

독일 국민의 증오심을 증폭시켰던 것과 같은 행동을 하는 사

람이 있으면 ‘증오조장죄’ 라는 죄목으로 처벌하기도 한다.

이렇게 독일은 제2의 ‘히틀러’ 가 나오지 않도록 2중, 3중

의 안전 장치를 걸어 두었다. 이런 사회에서 다시 ‘히틀러’

가 나온다면 그것이 오히려 이상할 정도이다.

최근 독일의 경제 상황 역시 '히틀러'의 재현을 허용할 것 같지 않아 보인다. 디폴트 위기를 겪은 그리스, 높은 청년 실업률로 고전하고 있는 에스파냐, 브렉시트 사태에 직면한 영국 등 다른 유럽 국가들과 비교해 볼 때 독일의 경제는 매우 건실하다. 태양광 발전 등 신산업 분야 개척도 잘 되고 있고, 취업과 복지 등 국민 경제에 가장 중심이 되는 경제 부문의 관리가 잘 되고 있기 때문이다.

일본의 사정은 이와 같은 독일의 상정과는 사뭇 다르다. 일본은 제2차 세계 대전에서 패전국이 된 이후 그 전쟁을 일으킨 책임자들에 대한 처벌이 제대로 이뤄지지 않았다. 도리어 일본 군국주의를 상징하는 만주국의 고위관료였던 기시 노부스케와 같은 자가 정당을 창당하고, 그 정당이 1955년 이후 지금까지 딱 3년(2009~2012)을 제외하고 계속 집권하고 있다. 정치인 뿐 만이 아니다. 일본 군국주의 정책에 편승해 아시아 각지에서 돈을 벌었던 미쯔비시와 같은 기업들이 아직도 재벌로서 건재하다. 이렇듯 과거 제국주의 일본, 군국주의 일본, 침략전쟁을 일으킨 일본의 지배층, 기득권층들이 주변국 사람들을 엄청난 불행에 빠뜨리고, 일본을 패망으로 몰고 간 일에 대한 책임을 지기는커녕 지금까지 변함없이 일본의 기득권층을 형성하고 있다. 이런 상황에서는 과거 일본 군국주의의 망령을 부활시키려 하는 사람들이 나온다고 한들 그 어떤 법적, 정치적 책임도 물을 수 없을 것이다. 역사책 역시 일본 군국주의의 과거를 비판하기 보다는 미화하는 데 열을 올릴 가능성이 있다. 학생들에게 일본의 과거 잘못을 반성하는 것은 '자학사관' 이라서 안 될 일이며, 침략의 과거를 '진출' 로 표현하는 것이 옳다는 역사를 가르치기도 한다. 독일에는 2중, 3중으로 마련된 안전장치가 일본에는 하나도 보이지 않는 것이다.

또한 일본의 경제 상황 역시 독일의 그것과는 상당히 달라 보인다. 신산업을 육성해서 실물 경기를 살리는 방식의 경제 성장은 잘 보이지 않는다. 대신에 정부가 시장에 인위적으로 개입, 금리와 통화를 조절해서 단기적 경기 부양을 노리는 것이 정권의 대표적 경제 정책이다. 근본적인 체질 개선 없이 단기 처방만을 내놓고 있다. 이런 상황을 세계 최강대국과 관계를 강화하고 군사력을 늘림으로써 돌파하려는 움직임을 보이고 있는 것이다.

지금까지 수행한 독일과 일본에 대한 비교 작업을 통해서 우리가 얻을 수 있는 교훈은 다음과 같다.

어떻게 하면 '히틀러'의 출현을 방지할 수 있을까? 여러 가지 방법이 있다. 과거를 깨끗하게 청산하는 것, 역사 교육을 정상화하는 것. ‘증오조장죄’를 제정하는 것. 실물 경제를 살려서 국민들의 생활 수준을 향상시키는 것 등이다.

여기에 한 가지 방법을 더 보충한다. 성숙한 민주주의 정치 제도를 정착시키는 것이다. 국민들의 정치 수준이 향상될 필요가 있다는 이야기다. 2016년 미국 대통령 선거 후보자로서 힐러리 클린턴이 그리 인기가 없음에도 불구하고 ‘막말’을 퍼붓고 실업 문제 해결책이 멕시코 접경지대에 장벽을 쌓는 것이라는 도널드 트럼프에 대한 지지율이 힐러리에 대한 지지율을 능가하지 못하는 것은 미국의 정치 수준이 ‘히틀러’의 탄생을 막을 수 있는 정도는 된다는 것을 의미한다. 이것이 ‘범죄와의 전쟁’을 명분으로 사법적 절차 없이 합법적으로 사람을 죽일 수 있는 수준의 국가와 미국의 차이점이다.

　마지막으로 국제통화기금(IMF)이나 세계 은행(IBRD) 등 국제 경제 안정을 위해 만들어진 경제 기구들에 대해서 한 마디 하겠다. 그 기구들은 과거 세계 경제 대공황이라는 파괴적 사태로부터 얻은 교훈의 결과물이다. 한 나라의 경제적 위기가 다른 나라로 번질 경우 국제적 경제 공황 사태가 날 수 있으므로 경제적 위기를 맞이한 나라가 있으면 선제적으로 그 나라에 대한 금융 지원을 하기 위해서 만들어진 것으로 알고 있다. 그런 기구가 있음에도 불구하고 거의 대부분 나라들이 가급적 그 기구들의 도움을 받지 않으려고 한다는 점은 문제이다. 일단 목숨은 부지할 수 있을 정도로 조금 도와주고 왕창 ‘털어’ 가는 방식으로 지원하는 것을 보고 나라들마다 가급적 그 기구들에 손 안 벌리려고 하고 있다. 그런 점을 냉정하게 직시해야 각 국가의 경제적 안정을 통한 국제 평화 유지라는 본연의 목적을 달성할 수 있으리라 본다. 국제적 경제 기구 종사자들과 관련자들의 반성과 노력을 기대하는 바이다.

이상 언급한 여러 가지 해결책들이 동시에 추진된다면 '히틀러 방지 효과' 는 크게 증폭될 것이다. 문제는 이런 해결책들이 현실의 세계에서는 잘 추진되지 않는다는 것이다. 그렇게 될 경우 그 사회에서는 '히틀러' 가 출현할 가능성이 매우 높다. '히틀러' 의 출현은 히틀러가 나쁜 놈이라서 가능해 지는 것이 아니다. 그 나라 국민들의 판단 능력이 떨어져서 그렇게 되는 것도 아니다. 그런 조건이 갖춰지면 어느 사회에서나 일어날 수 있는 일인 것이다.

1930년대 독일 국민도 처음부터 나쁜 마음먹고 히틀러 뽑은 것은 아니었을 것이다. 그들은 자기들이 무슨 짓을 하고 있는지 알지 못하는 상태에서 히틀러를 뽑았을 가능성이 농후

   아베는 미치지 않았다

하다. 따라서 지금 그 어느 국가의 국민들도 내가 지금 무슨

짓을 하고 있는 것인지 모르고서 '히틀러'의 출현을 부르는

행위를 하고 있을 수도 있다. 아베 정권은 어떻게 하면 그런

것에 대한 경각심을 고취하고 그런 사태를 예방할 수 있는 방

법을 찾는 데 훌륭한 지침이 될 수 있는 현대판 사례라고 볼

수 있다.

#  대한민국은 '큰 그림'이 있는가

정치적, 경제적, 군사적, 외교적인 면에 있어서 최근 아베 정권의 행보를 보면 매우 눈에 띄는 점이 있다. 그들이 그리는 '그림'의 치밀함과 스케일이다. 그림의 가치가 얼마나 되는지, 그 그림이 일본 국민의 행복과 인류 평화에 얼마나 이바지할 것인지의 문제를 배제하고 생각해 본다면 아베 정권이 그리는 '그림'은 매우 치밀하게 장기적으로 계획된 스케일이 큰 그림이다.

그들은 앞으로 수십 년 동안 이어질 중국과 미국 사이의 세계 패권 경쟁을 고려하여 동아시아 패권 국가 자리를 중국으로부터 다시 빼앗아 오려는 장기 계획을 짜고 있는 것이다. 이 그림의 지리적 범위는 작게는 동아시아에서 크게는 태평양을 포함한다. 그들은 큰 '그림'을 성공적으로 완성함으로써 세계 제2의 경제 대국으로서 일본의 영광을 되찾으려고 한다. 그것이 과연 바람직한 것인지를 에포케(epochē)하고 생각해 본다면, 그들은 미래를 향한 장기적, 거시적인 계획이 있고, 그런 것들을 현실에서 하나씩 실천하고 있는 것이다.

그 계획, 즉 미국과 손을 잡고 중국을 밀어 낸 다음 동아시아 중심 국가 자리를 되찾겠다는 계획이 조금은 무리인 것으로 보이지만, 그렇다고 해서 그것이 완전히 불가능할 것 같지도 않다. '이제는 일본이 중국과 동아시아 중심국가 자리를 두고 하는 경쟁에서 절대 승리할 수 없을 것'이라고 단언할

수 있을까? 아베 정권이 지금 동아시아 패권 국가라는 구상

을 실현시키기 위해서 추진하고 있는 정치적, 군사적, 경제

적, 외교적 정책들을 보면 '확실히 프로는 프로구나. 적어도

아마추어는 아니다' 라는 생각이 든다.

만약 그들의 계획이 성공하게 되면 대한민국은 어떻게 될

까? 앨빈 토플러는 이렇게 말했다. "당신에게 전략이 없다

면, 당신은 타인의 전략의 일부이다(If you don't have a

strategy, you're part of someone else's strategy.)."

남의 전략의 일부로 편입되지 않고 남을 나의 전략의 일부로

편입하기 위해서는 두 가지 노력이 필요하다. 첫 째, 타인의

전략을 냉철한 이성으로 철저하게 이해하고 파악해야 한다.

둘 째, 현재와 미래에 있어 가장 효과적인 전략, 장기적이고

거시적인 전략을 세우고 현실에서 그것을 추진할 수 있는 능

력을 길러야 한다. 이제 일본의 아베 정권이 아니라 우리 대

한민국으로 시선을 돌려 보자. 과연 우리는 그런 능력을 갖추

고 있거나 기르고 있는가?

남의 나라 총리나 대통령의 말 한 마디, 행동 하나하나에

분노할 뿐 그 말과 행동이 어떤 계산에 의해서 나온 것인지를

깨닫지 못한다면 매일 화만 내면서 정작 현실을 바꾸지는 못

한다. 우리를 화나게 하는 그 사람들, 제정신이 아닌 것처럼

보이는 그 사람들이 알고 보면 '프로'일지도 모른다. 프로

를 이해하려면 우리도 프로가 되어야 한다. 그래야 그들을 이

길 수 있다. 그들의 의도를 파악하지 않은 상태에서 도덕적,

감정적 판단을 내리는 것은 그들에 대한 평판을 나쁘게 할 수

는 있다. 하지만 그들을 이해하는 데는 아무 도움이 되지 않

는다. 분노를 가라앉히고 현상을 있는 그대로 바라볼 필요가

있다.

그리고, 우리 대한민국도 이제는 '큰 그림'이 필요한 시대가 왔다. 아니, 엄밀히 이야기해서 그런 시대가 온 지 오래다. 21세기 전까지 우리는 서양 사람들이 개척했던 길을 따라 걸었다(완전히 똑같은 길을 걸은 것은 아니지만, 대체로 그렇다는 이야기다.). 그 때는 서양 사람들이 그려 놓은 그림, 지도를 따라 걸으면 되는 시기였다. 하지만 지금은 다르다. 우리 역시 이제는 선두 그룹에 속해 있다. 이제 우리 그림은 우리 스스로 그릴 줄 알아야 하는 시대가 온 것이다. 그런 과제를 안고 있는 국가의 국민으로서 앞으로 우리나라가 나아가야 할 국제정치적인 큰 그림을 그릴 줄 모르는 상태에서 아무런 문제의식 없이 산다는 것은 스스로 퇴보의 길, 고난의 길을 가겠다는 것이나 다름없다. 그 그림이 좋은 그림이든 나쁜 그림이든 아베 정권은 적어도 '큰 그림'이 있는 것으로 보인다. 이제 우리는 앞으로 우리가 걸어 갈 길을 보여 주는 우리만의 '큰 그림'을 그려야 하는 것이다. 다른 사람들을 내 그림 속에 등장인물로 삽입하는 화가로 살 것인지, 아니면 남이 그려놓은 그림 속에 등장하는 엑스트라로 살 것인지는 모두 우리가 앞으로 어떻게 하느냐에 달려 있다.

#  국제정치학 교재로서의 아베 정권

아베 정권이 최근 보이고 있는 행보를 보면 국제정치학의 절대 명제이자 기본 명제 중 하나인 '국제 정치에서 영원한 적도 영원한 친구도 없다'는 점을 다시 한 번 확인하게 된다. 이런 의미에서 아베 정권은 국제정치학의 교재로서 충분한 가치를 지닌다.

아베 총리가 미국 의회에 가서 연설하고, 오바마 대통령이 일본 히로시마 평화공원을 방문하는 등 최근 일본과 미국의 관계가 매우 긴밀한 것은 사실이다. 하지만 이 모든 것이 동아시아에서 중국이 미국에 대적할만한 지위로 올라섰고 중국이 일본과 미국 양국 모두에게 위협이 된기 때문에 일어난 현상이라는 것 또한 사실이다. 일본과 미국이 오랜 동맹국, 동반자로서 서로 간의 '의리'를 지키기 위해 그러는 것이 아니라는 말이다. 잘 생각해 보라. 한 회사에 사원 갑과 을이 있다. 그 둘은 별로 친하지 않았다. 그런데 갑자기 신입 사원 병이 입사해서 갑과 을 모두의 지위를 위협하기 시작했다. 그런 경우 갑과 을은 공동의 적에 해당하는 병을 견제하기 위해 서로 똘똘 뭉칠 가능성이 높다. 그 동맹의 결과 병이 패배해서 물러나게 되면 어제까지 함께 뭉치던 갑과 을이라해도 하루 아침에 다시 서로 소원해 질 수 있다. 심지어는 서로 다툴 수도 있다. 경우에 따라서는 갑이 을의 뒤통수를 치고 공동의 경쟁자였던 병과 적당히 타협할 수도 있다. 어제의 친구가 오늘의 적이요, 오늘의 적이 내일의 친구가 될 수 있는 세계. 국제정치의 세계란 바로 이런 세계이다.

다시 한 번 말하지만, 일본과 미국이 오랜 동맹국으로서 서로 간의 '의리'를 지키기 위해 서로를 돕는 것이 아니다. 떠오르는 중국을 견제해야한다는 점에서 양국의 이해관계가 일치하기에 서로를 돕는 것이다. 만약 미국이 동맹국으로서의 의리를 반드시 지킬 것이라는 믿음을 아베 정권이 갖고 있다면 굳이 전쟁할 수 있는 국가를 일본을 전쟁할 수 있는 국가로 만들려고 하지 않을 것이다. 군사력에 있어서 아직은 미국이 중국에 대해 압도적 우위를 지니고 있기 때문이다. 그럼에도 불구하고 '지금 미국과 손 잡고 있을 때 빨리 전쟁할 수 있는 국가가 되어야 한다'고 아베 정권이 생각하는 이유는 미국을 완전히 믿지 못해서일 지도 모른다. 아베 정권 입장에

서는 미국과 중국이 적당한 선에서 타협해서 미국이 동아시아

를 중국의 세력권으로 인정하게 되는 상황을 대비하지 않을

수 없는 것이다. 미국이 ‘일본과 협력해서 중국을 막는다’

는 입장에서 ‘중국에게 동아시아 지역까지만 넘겨주는 선에

서 타협한다’ 는 입장으로 선회하게 되면, 그 순간부터 미국

의 태도는 언제 그랬냐는 듯이 일본에 냉담한 반응을 보일 것

이 뻔하다. 그것이 국제정치의 냉혹한 현실이다.

멀리 미국, 일본까지 갈 것도 없다. 우리나라의 외교사를

통해서도 이런 점은 잘 확인할 수 있다. 1980년대까지만 해도

우리 대한민국은 대만과 수교하고 중국과는 국교가 맺어지지

않았다. 그런데 1990년대 들어서 대만보다 중국의 힘이 월등

히 커지자 대만을 버리고 중국을 택했다. 그 때 대만이 엄청

서운해 했다는 후문이 들릴 정도로 우리 정부의 태도는 냉정

했다. 그렇게 했던 대한민국 정부가 잘못한 것일까. 전혀 그

렇지 않다. 국제연합(UN)도 했던 선택을 우리라고 하지 않을

수 없는 것이다(원래 UN 안전보장이사회의 상임이사국은 미

국, 러시아, 프랑스, 영국, 대만이었다. 하지만 중국의 힘이

대만을 압도하자 UN은 대만을 상임이사국 지위에서 제외시키

고 그 빈자리를 중국에게 넘겨주었다.). 그 방법의 노련함 혹

은 미숙함의 문제는 있을지언정 국제정치의 냉혹한 현실을 생

각할 때 그 선택은 매우 적절한 선택이었다.

최근 일본의 아베 정권이 보이고 있는 여러 가지 정치적,

군사적, 경제적, 외교적 행보들을 이해하기 위해서는 힘과 이

해관계에 따라 결정되는 국제정치의 현실을 먼저 이해할 필요

가 있다. 이런 의미에서 아베 정권은 입문자를 위한 연습문제

가 수록된 국제정치학 교과서로서 기능할 수도 있을 것이다.

# 에필로그

아베는 미치지 않았다. 아베는 완전히 제정신이다. 우리 눈에는 이상하게 보이는 그의 언행들은 철저한 정략적 계산의 산물일 가능성이 매우 높다. 이것은 내가 이 책을 통해서 이야기하고자 하는 것의 절반이다. '감정적 태도가 아닌 과학적 시각으로 아베 정권을 바라보자.' 이것이 나머지 절반이다. 그냥 정치든 국제정치든 모든 것은 그 행위 주체들의 '계산'에 의해서 이루어진다. 그들은 계산에 의해 행동하고 있는데, 국민들은 감정에 의해 그 행동을 받아들이면 과연 누가 누구의 그림 속으로 들어가게 될까? 화를 내면서 보지 말고, '왜 저런 일을 하지?' 라는 것을 과학적으로 분석해 보는 습관을 기르자. 정치학, 국제정치학은 바로 그런 것을 규명하는 과학이니까 그런 것을 많이 공부해 보자. 이것이 이 책을 통해서 내가 이야기하고자 한 것이다. 이 책을 쓴 이유이기도 하다. 나의 진심이 독자들에게 잘 전달될 수 있기를 바랄 뿐이다.

한국인이자 동아시아인의 한 사람으로서 일본 국민들에게 드리고 싶은 말씀이 있다. 1930년대 독일에서 나치당이 집권할 수 있었던 것은 독일 국민들의 절대적 지지 덕분에 가능한 것이었다. 독일 국민들도 일이 그렇게 될 줄 알고 나치당에 투표한 것은 아니었다. 일본 국민들의 위대한 선택이 필요한 시점에 왔다고 생각된다.

이 책을 항상 헌신적인 배려와 내조를 해준 사랑하는 나의

 아베는 미치지 않았다

아내, 언제나 나에게 기쁨을 주는 사랑하는 나의 딸에게 바친다. 그리고 삶의 바른 길을 가르쳐 주시고 언제나 사랑으로 대해주신, 존경하는 나의 아버님 영전에 헌정한다. 마지막으로 내가 고양국제고에서 진행한 보잘 것 없는 강의 '국제정치학 입문'을 열정적으로 수강하여 준 GGHS 학생들에게도 감사의 뜻을 전한다. 이 책의 집필을 결심하게 되는 데는 여러 계기가 있었는데, 그 중 하나가 바로 그대들의 그 순수한 학문적 열정으로 가득한 눈빛이었다.

# ◇◆◇◆참고 문헌◇◆◇◆


1. E. H. Carr 저, 김태현 역, 《20년의 위기》, 녹문당, 2014.

2. M. Weber 저, 김진욱(외) 역, 《직업으로서의 정치》, 범우사, 2002.

3. 김재관 (2015). 미국의 '신실크로드 전략' 과 중러의 대응. 평화연구, 23(2), 163-206.

4. 김준형 (2015). 아베 정부의 안보정책 전환과 미국의 재균형전략. 아세아연구, 58(4), 42-71.

5. 박병철, 주인석 (2016). 제3장 아베 정권의 아시아 안보전략과 한미일 동맹구도의 변화 전망. 통일전략, 16(1), 75-121.

6. 안문석 (2015). IS와 미국 · 러시아의 중동 주도권 다툼. 인물과사상, 98-112.

7. 안문석(2016). 영원한 친구도 적도 없는 미국 외교. 인물과 사상, (218), 107-121.

8. 이일영 (2015). 중국의 새로운 발전전략, 일대일로(一帶一路). 시선집중 GSnJ, (195), 1-14.

9. 최용환 (2014). 미국의 동아시아 정책 변화와 한반도. 정책연구, 1-70.